GWASANAETHU'R DUW BYW

LLAWLYFR AR STIWARDIAETH GRISTNOGOL

gan
Dafydd Andrew Jones

Cyflwynaf y gyfrol hon i'm teulu:
Eunice, Dylan a Nora, Elgan, Manon a Michael
Alecs ac Alys — y genhedlaeth ifanc

ynghyd â'm teulu estynedig:
Morus, fy mrawd, a'i deulu yntau
Eileen, fy chwaer yng nghyfraith,
a'i mab, Gareth, ac er cof am Mick

ac i gyd-weithwyr y Duw Byw sydd, gydag ef,
yn llafurio dros deyrnas ei ddyfodol ef trwy Iesu Grist

ⓗ Dafydd Andrew Jones / Cyhoeddiadau'r Gair 2023
Testun gwreiddiol: Dafydd Andrew Jones
Golygydd testun: Marian Beech Hughes
Golygydd Cyffredinol: Aled Davies
Cynllun y Clawr: Rhys Llwyd

Diolch i Gymdeithas y Beibl am bob cydweithrediad
wrth ddyfynnu o'r Beibl Cymraeg Newydd Diwygiedig.

Argraffwyd oddi fewn i'r Undeb Ewropeaidd.

Cyhoeddwyd gan
Cyhoeddiadau'r Gair, Cyngor Ysgolion Sul Cymru,
Ael y Bryn, Chwilog, Pwllheli, Gwynedd LL53 6SH.
www.ysgolsul.com

CYNNWYS

RHAGYMADRODD

Gwerthfawrogaf y cyfle a roddwyd i mi gan Banel Athrawiaeth ac Addoli Eglwys Bresbyteraidd Cymru i ailymweld â maes stiwardiaeth Gristnogol y bûm ynglŷn ag ef ers bron i ugain mlynedd. Syndod dymunol oedd deall nad oedd copïau o'r gwreiddiol, *Ffordd o Fyw*, ar gael bellach. Braint oedd cael ymateb i gais y Panel Athrawiaeth i ddiweddaru'r gyfrol honno. Er bod fframwaith y llyfr a'r penodau yn dilyn y gwreiddiol, mae llawer iawn o'r cynnwys yn newydd ac yn tynnu ar ffynonellau mwy diweddar.

Buddsoddi mewn pobl a wnaeth (ac a wna) yr Arglwydd Iesu wrth alw disgyblion, eu hyfforddi a'u hanfon allan i'w waith i'r ardaloedd cyfagos. Fel aelodau o'i Eglwys heddiw, ei ymddiriedaeth ynom a'i ddisgwyliadau wrthym yw maes ein stiwardiaeth ninnau. Nid gair hawdd mo 'stiwardiaeth' gan fod iddo flas strwythurau, awdurdod ac atebolrwydd byd gwaith. Nid stiward biau'r gwaith ond caiff y gwaith ei ymddiried iddo ac y mae'n atebol i'r perchennog am hyrwyddo'i lwyddiant. Wrth anfon ei lythyrau at yr eglwysi, mae Paul yn defnyddio'r gair 'gwas' Iesu Grist (Rhufeiniaid 1:1; Philipiaid 1:1) a thro arall y gair 'apostol' (1 Corinthiaid 1:1; Galatiaid 1:1) – yr un y mae Iesu Grist yn ei anfon. Dywed y ddau air wrthym ein bod yn weision yng ngwasanaeth yr Arglwydd ac yn bobl y mae ef yn eu hanfon i ledaenu ei neges.

Efallai y gellid meddwl am deitl mwy crand i'r gyfrol megis 'Ymddiriedolwyr Gras'; gwir fod hwnnw'n pwysleisio natur a neges yr Hwn sy'n ymddiried, ond nid yw'n pwysleisio mai gweithredol yn y bôn yw'r disgwyl arnom. 'Byddwch chi'n berffaith fel y mae eich Tad nefol yn berffaith' yw'r nod – perffaith mewn meddwl gan weithredu cariad, fel Duw ei hun. Gellid meddwl am 'Gyd-weithwyr Duw' fel teitl. Byddai'n disgrifio'r gwaith yn gywir, dim ond i ni gofio nad partneriaid cyfartal â Duw ydym, a cholli'r atebolrwydd. Rwy'n hoff o'r teitl 'Gweision y Duw Byw' gan ei fod yn diogelu ein lle fel gweision sy'n gweithio i sylweddoli pwrpas y Meistr a'r un pryd yn disgrifio Duw fel yr Un egnïol a gweithredol. Ffydd i'w byw yw Cristnogaeth – ei byw ym mywyd y Tad drwy Iesu Grist y Mab yng ngrym yr Ysbryd Sanctaidd gan feithrin ynom ninnau nodweddion y Tad. Ond gan fod blas gwrywaidd ar y gair 'gweision' dyma benderfynu ar *Gwasanaethu'r Duw Byw* fel teitl.

Nid llawlyfr diwinyddol mo hwn er bod cynnwys rhywfaint o ddiwinyddiaeth ynddo yn anorfod. Dynesir at y dasg drwy gredu fod y Duw Byw wedi rhannu yn ein bywyd ni, ddynoliaeth, yn Iesu o Nasareth, yr hwn a adwaenwn yn Fab Duw ac a alwn yn Arglwydd. Ynddo y gwelwn natur a bwriadau Duw yn dod i'r golwg yn ein plith mewn cnawd dynol. Yn yr Efengylau mae Iesu'n defnyddio'r thema 'teyrnas Dduw' neu 'teyrnas nefoedd' i gyflwyno'i neges. Nid annisgwyl y sôn am y deyrnas oherwydd ymestyn y cyfeirio ati yn ôl ymhell yn hanes Israel. Gosodwyd ei seiliau yn nyddiau Moses a daw i'r amlwg yn natganiadau'r proffwydi gynt. Nodwn ddwy enghraifft yn unig, sef cwestiwn Micha, 'Beth a gais yr Arglwydd gennyt?' (Micha 6:8) a geiriau enwog Amos, 'Yr wyf yn casáu, yr wyf yn ffieiddio eich gwyliau … Ond llifed barn fel dyfroedd a chyfiawnder fel afon gref' (Amos 5:21; BCN).

Mae ysgolheigion megis Bruce Chilton am ein hatgoffa mai cefndir priodol deall bywyd a neges Iesu yw'r disgwyliadau am y deyrnas, yn arbennig yn ei ddydd ef ei hun. Credwn i deyrnasiad Duw ddod yn agos atom ac o fewn ein cyrraedd yn Iesu a'i bod yma i gynyddu i'w llawnder (Marc 1–15 a Mathew 13:31–3). Hybu cynnydd teyrnasiad Duw a'i lledaenu yw ein cyfrifoldeb ninnau, Eglwys Crist, Priodasferch yr Oen neu stiwardiaid ei deyrnas. Trwy'r ffydd sydd gennym yn ein Harglwydd Iesu, yr amser, y ddawn a'r egni a feddwn, trwy ein haddoli a'n gwasanaethu, dyna'r dasg. Y cyd-destun yw bywyd yr unfed ganrif ar hugain, ein blynyddoedd ni sy'n gorwedd rhwng dyfodiad y deyrnas yn agos atom yn Iesu a'i dyfod yn ei llawnder. Bu cryn drafod ar y pryd a'r sut y daw'r deyrnas i'w llawnder: ai graddol ei chynnydd ym myd amser ynteu ddigwyddiad chwyldroadol a thrawsnewidiol ddaw â hi? Er mor ddifyr a buddiol y trafod, ni ddilynwn y trywydd hwnnw: ein tasg yw bod yn ffyddlon ac yn weithgar i'w lledaenu heddiw, heb boeni'n ormodol am sut a phryd y daw'r canlyniadau (Actau 1:7).

Ond am beth y soniai Iesu wrth sôn am y deyrnas? Nid sôn am diriogaeth a wnâi gan mai croesi ffiniau i Samaria, i Tyrus, y Decapolis a Rhufain wnâi ef ac y mae Paul, yntau, yn cyfeirio at Iddewon a chenedl-ddynion yn dod yn un yng Nghrist. Fel yn nyddiau'r Salmydd a'r proffwydi, mae'r Duw Byw yn Arglwydd cenhedloedd a chrëwr y greadigaeth. Efallai fod y gair 'perthyn' yn dod â ni'n agos at ddeall y deyrnas, oherwydd disgrifio ansawdd bywyd pan yw Duw'n teyrnasu – ei werthoedd, ei flaenoriaethau a'i ysbrydoledd – wna'r gair hwn. Pan yw Duw'n 'teyrnasu', mae perthynas o gariad yn clymu ei bobl ag Ef ei hun ac â'i gilydd. Cariad sy'n ei roi ei hun i eraill sy'n gwneud y perthyn hwn yn bosibl ac yn ei sgil clywn am eiriau fel edifarhau, maddau, cymodi, cyfiawnder, tangnefedd a llawenydd. Y rhain yw geiriau mawr ein ffydd, y rhoddir ystyr iddynt gan Iesu ei hun wrth iddo sôn am y Duw Byw fel ein Tad ac wrth i ni weld dynameg y deyrnas ym mherthynas Iesu â phobl eraill yn ogystal â'i ddysgeidiaeth. Teyrnas cariad yw hon felly, ac am hynny mae'n deyrnas gobaith hefyd. Ei byw hi wnaeth Iesu, a galwad i'w byw yw'r alwad i'r stiward. Byw bywyd yn nheyrnasiad Duw. Mae fel byw yfory heddiw gan ddisgwyl y deyrnas yn ei llawnder. Rhagflas o'r llawnder yw ein bywyd yng Nghrist.

Ni phallodd ac ni chiliodd y Meistr. Wedi'r croeshoelio a'r atgyfodi, pan welwyd dechrau newydd neu botensial newydd i ddynoliaeth, daeth at ei ddisgyblion gan eu hanfon allan i'r byd ac addo iddynt, 'mi rydw i efo chi hyd ddiwedd y byd' (Mathew 28:16–20). Mae ef yn dal wrthi'n galw ac yn anfon, yn cynnal ac yn ysgogi ei stiwardiaid yn eu gwaith. A dyma ddod at wedd arall ar y gair 'stiward' oherwydd nid ein gadael ar ein pennau ein hunain heb arweiniad, gweledigaeth nac egni a wna: mae ein perthynas ag ef yn un fyw. Caiff ei bwydo yn addoliad pobl Dduw, a thrwy'r addoliad hwnnw. Felly, mae addoli'n hollbwysig i'r stiward. Ac nid stiward fel gair unigol sy'n ein disgrifio; nid ffydd bersonol yn unig ac yn sicr nid preifat mo'r ffydd Gristnogol. Mae'n ffydd y cwmni, 'teulu Duw', cwmni'r stiwardiaid sy'n ymuno mewn mawl a chlod, mewn edifeirwch a chofio Iesu. Wrth ymostwng i geisio arweiniad ac egni y cawn ein hargyhoeddi, ein grymuso a'n hadnewyddu. Dyna pam y cynhwysir pob pennod yn yr astudiaethau o fewn awyrgylch addoli ac y pwysleisir addoli a defosiwn personol a chyhoeddus fel rhan o'n stiwardiaeth. Yn wir, i'r Cristion y mae addoli a byw yn un. Gellid dweud mai addoliad yw gwraidd stiwardiaeth y Cristion. Drwy addoli y daw'r cymhelliad, yr egni a'r dyfalbarhad ar gyfer y gwaith. Mae Gweddi'r Arglwydd yn gosod y cywair. Mae'n agor â'r cyfarchiad defosiynol 'Ein Tad'. Man cychwyn yr holl fenter yw'r ddau air hyn oherwydd mai cariad ein Tad yng Nghrist yw sail stiwardiaeth Gristnogol. Am ei *fod* ef, mae mawl yn dilyn – 'sancteiddier dy enw' – yn ogystal â dymuniad i ledaenu ei deyrnas a gwneud ei ewyllys 'ar y ddaear fel yn y nef'. Yna deisyfwn yr adnoddau angenrheidiol ar gyfer byw: bara beunyddiol, maddeuant ac arweiniad oherwydd efe biau'r deyrnas. Ac, ym mhob peth, iddo ef y byddo'r gogoniant.

Mae dweud 'ie' wrth Iesu fel ein Harglwydd, felly, yn ddatganiad personol sydd i'w ddilyn ymlaen o fewn cymdeithas ei bobl, gyda'r gymdeithas honno, ac er mwyn y gymdeithas ehangach yr ydym yn byw ynddi a'r byd ehangach y perthynwn iddo, wrth gwrs, 'ar y ddaear'! O dderbyn y 'deyrnas' fel cefndir i'r astudiaethau hyn, mae rhediad y penodau'n naturiol: holi stiwardiaid beth, pam a sut ym mhenodau 1–6, sef Meddwl Crist, Rhannu Newyddion Da, Bod yn Newyddion Da, Yn y Presennol ar gyfer y Dyfodol. Yna, holwn am yr adnoddau angenrheidiol ar gyfer y gwaith (penodau 7–10).

Ar ôl darllen sawl erthygl yn y papurau newydd yn sôn am ofnau, dadrithiad ac anobaith llawer o'r genhedlaeth ifanc wrth wynebu bywyd ein dyddiau ni, byddwn yn arbennig o ddiolchgar pe bai ieuenctid Cymru yn cael budd o'r cynnwys. Tybiaf fod gennym ni, y genhedlaeth hŷn, le i ymddiheuro iddynt am i ni greu ffordd o fyw mor gystadleuol ac ynddi werthoedd mor hunan-ganolog ac unigolyddol ac Eglwys mor rhanedig fel na all gyflwyno efengyl y bendigedig Dduw yn ystyrlon a pherthnasol mewn dyddiau o anghrediniaeth bwerus. Dywedodd y Dr R. Tudur Jones yn ei ddarlith 'Teyrnas Crist a'r Tywyllwch yng Nghymru' (1994) fod ymateb i anghrediniaeth heddiw yn golygu edrych y tu hwnt i wahaniaethau enwadol i'w herio'n effeithiol. Gwaith i Gristnogion gyda'i gilydd ydyw. Bydded i'r genhedlaeth nesaf ffeindio bywyd, pwrpas, boddhad a thangnefedd Duw wrth ymuno ag ef a chyd-Gristnogion i ffurfio'i nef newydd a'i ddaear newydd a'i ddynoliaeth newydd yng Nghrist.

Cefais gwmni gŵr ifanc wrth deithio ar y trên o Fangor i Gaer ar droad y mileniwm, a dywedodd iddo gefnu ar Gristnogaeth ei fagwraeth am ei bod yn 'too exclusive, narrow and self-centred'. Heb farnu dim ar y fagwraeth na'r profiad, hoffwn awgrymu mai o fewn y ffydd Gristnogol, trwy ddehongliad ychydig yn wahanol ohoni, efallai, mae'r hyn y chwiliai ef ac eraill amdano i'w gael, sef 'an inclusive value system' sy'n cynnig gobaith i ddynoliaeth gyfan yn ddiwahân yng Nghrist. Yn rhy aml o lawer clywn am y 'pecyn' cred yn datod, a gwrthgilio oddi wrth y ffydd yn dilyn. Ac nid yw hynny'n digwydd heb resymau y mae'n rhaid eu cymryd o ddifrif. Ni raid cefnu, ond rhaid sylweddoli mor wirioneddol heriol, radical, ymarferol ac addawol yw galwad bywyd, marw a chyfodi Iesu Grist ar gyfer byd a bywyd dolurus, prin ei obaith yn nannedd seciwlariaeth gyfoes, oer a diaddewid. Cofiwn fod Crist yn fwy nag unrhyw system neu 'becyn' a'i fod yn dal i'n galw'n frwd i ymuno yn ei waith o greu dyfodol newydd teyrnas cariad lle bynnag yr ydym arni ar bererindod bywyd, boed sicr neu fywiog ein cred, ar ymylon y ffydd neu'n chwilio am y llwybr i'r dyfodol.

Cawsom ddathliadau buddiol yn 2017 i gofio Martin Luther, William Salesbury a Williams, Pantycelyn. Wrth gwrs, y mae ganddynt neges berthnasol i ninnau, ond pobl eu hoes a'u hamser oeddent, wedi eu ffurfio gan feddylfryd a dylanwadau cyfoes iddynt a'r rheini'n rhai diwylliannol, economaidd, cymdeithasol a chrefyddol. Nid cofio'n hiraethus wna'r stiward ond cofio gan edrych ymlaen. Cofio pwerus a chreadigol i'n tanio a'n galluogi i wynebu heriau'r unfed ganrif ar hugain a mynegi'r ffydd yn ein cyd-destun ninnau. Yn sgil y cofio, bwriad yr astudiaethau hyn felly yw ein helpu ni i ddirnad disgwyliadau Duw yng Nghrist oddi wrthym ni o fewn cyd-destun yr unfed ganrif ar hugain pan yw'r hen batrymau'n chwalu mewn eglwys a chymdeithas. Nid yw'n astudiaeth gyflawn na therfynol ar unrhyw gyfrif: cyfraniad megis agor cil y drws ydyw.

Yn wir, rwyf yn ymwybodol o'r gwendidau. Gellid manylu ar lawer o bwyntiau ac ychwanegu pwyntiau newydd, ond wedyn gallai'r gwaith fynd yn faith a beichus. Ers cyhoeddi'r gwreiddiol yn 2001 bu dirywiad pellach ac arswydus ym mywyd yr eglwysi, a hawdd deall y gallant eu gweld eu hunain yn rhy fach, y maes braidd yn heriol a'r adnoddau'n brin. Ond eto, mae niferoedd da ar gael, o gofio'r rhai sy'n arddel y ffydd o dan sawl 'baner' yn ein gwahanol ardaloedd. Oni ddylai ein teyrngarwch cyffredin i'n Harglwydd ein tynnu at ein gilydd mewn gwasanaeth a thystiolaeth unedig iddo? At hynny, cynhwysir storïau ym mhob pennod sydd nid yn unig yn darlunio neges y bennod ond hefyd yn dod, amryw ohonynt, o brofiad eglwysi ac felly y gobaith yw y byddant yn anogaeth ac yn ysgogiad. Soniwn ormod am ddirywiad ac y mae hwnnw i'w weld mewn eglwys a chymdeithas mewn oes sy'n newid mor gyflym. Cyfleoedd sydd heddiw i greu amgenach yfory, ac onid oes cyfraniad hanfodol bwysig i'r ffydd Gristnogol, ac felly i'r Eglwys, yn y creu hwnnw gydag eraill? Wrth gwrs, buddsoddi mewn yfory gwahanol i'r presennol hwn yw stiwardiaeth Gristnogol, megis y lefain yn y blawd. O gredu yn Nuw'r crëwr, ni allwn fforddio colli'r cyfleoedd i fod yn ddylanwad heddiw ar gyfer yfory. Na ato Duw! Pa fath Gymru a ddymunwn? A ydym am sicrhau bod ein hetifeddiaeth ysbrydol yn egni bywydol i'n dyfodol?

Nodir yma bwysigrwydd croesi ffiniau enwadol, traddodiad a phwyslais, gan gofio na fyddai'r Arglwydd, debyg, yn arddel ffiniau o'r fath mor bell ag y mae tystiolaeth effeithiol, o leiaf, yn y cwestiwn (Ioan 17:20–26). Mae rhywbeth yn ymerodraidd mewn diogelu neu ymestyn allan yn enw un eglwys neu draddodiad neu bwyslais yn unig. Ond ni all un Eglwys ar ei phen ei hun, nag un traddodiad chwaith, ymateb i her y Dr Tudur Jones oherwydd maint y dasg, amrywiaeth angenrheidiol y dulliau gweithredu a phrinder yr adnoddau. Brwydr y ffydd a'r deyrnas ac nid brwydr enwad neu bwyslais ydyw. Ac yn y frwydr honno mae gan bob un ohonom sy'n arddel yr Arglwydd rywbeth i'w gynnig. Cydeistedd wrth 'fwrdd crwn' a wnawn fel Cristnogion, gyda chyfraniad pawb o bob safbwynt yn werthfawr ac yn cyfoethogi apêl y cyfanwaith. Ni allwn fod yn gyfan heb ein gilydd.

Byddai rhai efallai'n ystyried y geiriau hyn yn ddiffyg safbwynt diwinyddol pendant ac felly'n wendid. Yr amddiffyniad yw: os daw rhywun i'r ffydd, boed drwy brofiad personol chwyldroadol neu drwy lwybrau 'tawelach' neu ymlyniad gydol oes, rhaid gofyn cwestiwn – o dderbyn y ffydd, sut mae ei hymarfer? Man cychwyn yw 'derbyn Iesu' a dod yn un o'i stiwardiaid, beth bynnag y profiad neu'r cymhelliad sy'n arwain at hynny. Nid bod yn stiward ar ein pen ein hunain fyddwn ni ond un yng nghwmni pawb arall y mae'r Arglwydd yn eu galw i'w wasanaeth. Rhaid gofyn pa wahaniaeth a wna dod i ffydd i'r unigolyn a'r gymdeithas y mae'n rhan ohoni? Pa dystiolaeth sy'n dilyn derbyn y ffydd? Awgryma'r gyfrol rai posibiliadau. Ond cofier, nid achubiaeth drwy weithredoedd sydd yma. Mae'r pwyslais ar gariad a gras Duw yn iacháu'r byd a phobl ddolurus yn Iesu Grist gan barhau ei waith drwy gymdeithas ei ddisgyblion, sef Eglwys Crist. A thyfu yng Nghrist yw'r ysgogiad. Sôn a wnawn am fod yn fynegiant gweladwy o'n ffydd ynddo. Meithrin y bywyd ysbrydol yw calon stiwardiaeth. Ar y llaw arall gall y gyfrol, o'i dilyn, arwain at ffydd ynddo ef, oblegid ni ellir osgoi cyfarfod ag Iesu yn y dasg o fod yn stiward iddo. Yng ngeiriau Pantycelyn:

> Iesu yw tegwch mawr y byd
> a thegwch penna'r nef,
> ac y mae'r cwbwl sydd o werth
> yn trigo ynddo ef.

Ar ben hynny, yn ôl Brian Mountford, caplan ym Mhrifysgol Rhydychen, mae cryn dipyn o ewyllys da, os nad ymlyniad o fath, gan lawer ar ymylon bywyd yr eglwysi, a hynny am nifer o resymau, na fyddent yn gyfforddus i arddel 'Cyffes Ffydd'. Mae'n bosib fod llawer o fewn ein cymdeithas ni hefyd yn yr un cwch. Byddent yn barod i ymuno mewn gweithgarwch sy'n fynegiant o'r ffydd, yn dyrchafu bywyd a bod yn fendith i'r gymdeithas ehangach. Ni ofynnodd Iesu i'w ddisgyblion am gyffes wrth eu galw. Wedi bod ynglŷn â'r gwaith gydag ef y daeth hynny (Mathew 16:16). Felly, mae croeso i bawb ymuno yng ngwaith stiward oblegid 'os nad ydynt yn fy erbyn o'm plaid i y maent'. Hwyrach y gall yr astudiaethau hyn agor meddyliau ynglŷn â'r ffydd, helpu i roi mynegiant iddi gyda'n gilydd neu greu chwilfrydedd i holi mwy amdani drwy ei gweld ar waith a Christnogion yn gytûn a brwd drosti! Mae hon yn oes y mae'r gweledol mor bwysig iddi.

Bydded bendith y Duw Byw arnom oll, o ba gefndir neu berswâd bynnag y deuwn wrth i ni ymuno ym mhererindod stiwardiaid Crist. Mae hon hefyd yn oes sy'n newid mor gyflym ac maent felly'n ddyddiau cyffrous. Ni ddylem o reidrwydd geisio ailadrodd patrymau ddoe ond yn hytrach, trwyddo ef, greu patrymau newydd i rannu heddiw y 'ffydd a roddwyd unwaith i'r saint'. Ni allwn ddisgwyl dim mwy na chyfle. Dichon na dderbyniwn ddim yn ôl ar wahân i fwynhau'r fraint a'r cyfrifoldeb o fod yn stiwardiaid gobaith Crist. Ufudd-dod a dyfalbarhad yw rhan y stiward. Efe sy'n dwyn y ffrwyth neu'r canlyniadau yn ôl ei ddoethineb ac yn ei amser ei hun. Ond mae'n rhaid i ni sicrhau y rhown y gorau sydd ynom mewn gwasanaeth diamod, unplyg yn ffordd Crist. Angorwn y ffydd ym mywyd yr unfed ganrif ar hugain.

Mae rhyddid i bawb ddefnyddio'r cynnwys fel y dymunant, boed mewn dosbarth, grŵp trafod neu hyfforddiant. Y gobaith yw y datblyga grŵp stiwardiaeth mewn eglwys leol, neu eglwysi gyda'i gilydd mewn bro ac ardal er mwyn ceisio pontio â'r gymdeithas ehangach drwy greu gofod fydd yn cynnig gweledigaeth, galwad, her a gobaith yr efengyl yng ngwacter oes seciwlar ddigon oer a phrin ei gobaith.

Pleser mawr yw cael diolch am bob cymorth wrth baratoi'r gwaith. Darllenodd Mr Glyn Williams, blaenor yn Salem, Treganna, y testun gan wneud llu o awgrymiadau gwerthfawr. Gwerthfawr hefyd fu sylwadau'r Parch. Glyn Tudwal Jones a'r Athro Eryl Wyn Davies a'r Parch. Edwin Hughes. Mae manylder gwaith Mrs Marian Beech Hughes ar y testun i'w ryfeddu ato; diolch yn fawr iddi. Derbyniais storïau oddi wrth Fyddin yr Iachawdwriaeth a Chymorth Cristnogol ac unigolion: Mrs Margaret Jones, Mrs Delyth Oswy-Shaw, Mrs Eunice Jones, Mrs Marian Lloyd Jones a'r Parch. Evan Morgan a diolch iddynt hwythau. Gwerthfawr iawn hefyd fu cymorth abl Miss Elisa Morris gyda phennod 3 a Mrs Kathryn Morris gyda'r bennod ar arian ac eiddo. Dibynnais ar sgiliau fy merch, Dr Manon Maragakis, gyda pharatoi'r gwaith a chyda'r cyfrifiadur. Bu Mrs Eleri Melhuish yn hael ei hamser yn cymhennu'r sgript a mawr yw fy nyled iddi. Diolch iddynt oll, gan ymddiheuro os oes bwlch yma!

Defnyddir cyfieithiad beibl.net gyda chaniatâd a dynodir y dyfyniadau hynny â b.n. Rhaid diolch am gyfieithiad cyfoes, hwylus a darllenadwy. Defnyddir hefyd ddyfyniadau o'r Beibl Cymraeg Newydd a nodir y rheini â BCN. Daw'r emynau oll o'r gyfrol *Caneuon Ffydd*, a diolchwn i bawb, yn awduron, perthnasau neu ymddiriedolwyr, a roddodd mor rhwydd ganiatâd i'w defnyddio. Dyfynnir hefyd o rai cyfrolau a chydnabyddir yn ddiolchgar bob caniatâd yn y man priodol. Myfi, wrth gwrs, biau unrhyw ddiffygion neu fwlch yn y cydnabod ac ymddiheuraf amdanynt rhag llaw.

Does ond un deisyfiad wrth gyflwyno'r gwaith, a hwnnw yw ei fod yn gyfrwng bendith oddi mewn ac oddi allan i'r Eglwys:

> Iddo ef, sydd â'r gallu ganddo i wneud yn anhraethol well na dim y gallwn ni ei ddeisyfu na'i ddychmygu, trwy'r gallu sydd ar waith ynom ni, iddo ef y bo'r gogoniant yn yr eglwys ac yng Nghrist Iesu o genhedlaeth i genhedlaeth, byth bythoedd! Amen.
>
> (Effesiaid 3:21; BCN)

Dafydd Andrew Jones

PENNOD 1

Gwasanaethu'r Duw Byw: Ffordd o fyw

Pwrpas y bennod yw ymchwilio i ystyr y gair 'stiwardiaeth' i ni fel Cristnogion heddiw trwy ystyried cefndir gair sydd mor gyfarwydd i ni mewn sawl cylch. Dechreuwn drwy addoli Duw.

Emyn 199: 'Dyma gariad, pwy a'i traetha?'

Darllen: Salm 116:1–2; 12–19 (ar y cyd neu am yn ail)

Myfyrio tawel ar yr adnodau, a darllen yn araf ac yn gyhoeddus:

Emyn 752

> Mae arnaf eisiau sêl
> i'm cymell at dy waith,
> ac nid rhag ofn y gosb a ddêl
> nac am y wobor chwaith,
> ond gwir ddymuniad llawn
> dyrchafu cyfiawn glod
> am iti wrthyf drugarhau
> ac edrych arna'i erioed.

Gweddi

Arweinydd:	Rydyn ni'n nesáu atat, Arglwydd, mewn ysbryd diolchgar.
Pawb:	**Mawr wyt ti, a daionus yn dy holl ffyrdd.**
Arweinydd:	Amgylchyni ni nos a dydd â'th ddaioni di-baid.
Pawb:	**Mawr wyt ti, a daionus yn dy holl ffyrdd.**
Arweinydd:	Mor gyson ac mor ffyddlon ydwyt tuag atom.
Pawb:	**Mawr wyt ti, a daionus yn dy holl ffyrdd.**
Arweinydd:	Dangos dy gariad tuag atom y mae dy ddaioni.
Pawb:	**Mawr wyt ti, a daionus yn dy holl ffyrdd.**
Arweinydd:	Mewn diolchgarwch, rhyfeddod ac ymgysegriad
Pawb:	**Dyrchafwn di a bendigwn dy enw sanctaidd. Amen.**

Cyflwyniad

Yng nghyswllt bywyd bob dydd mae'r gair 'stiward' yn cyfleu safle o ymddiriedaeth, o gyfrifoldeb ac o atebolrwydd. Disgrifio cyfrifoldeb person dan awdurdod wna stiwardiaeth:

- mewn eisteddfod neu mewn gêm, diogelu'r maes a rhediad esmwyth digwyddiad a wna stiward; mae'n berson mewn awdurdod a than awdurdod;
- ar long neu awyren, gofalu am anghenion a chyfforddusrwydd y teithwyr a wna stiward. Mae i roi cyfarwyddiadau ond eto'n berson dan awdurdod, ac felly'n derbyn cyfarwyddiadau;
- rhan o rwydwaith cyfrifoldeb ac atebolrwydd yw stiward drwy arwain, diogelu a gwasanaethu.

Fel Cristnogion, cawn ein gwefreiddio gan ddyfnder cariad y Duw Byw tuag at bob un ohonom ac at ei greadigaeth gyfan yn Iesu Grist. Mae'n rhoi ystyr, pwrpas a chyfeiriad i'n bywyd. Ein hymateb teilwng yw rhoi iddo fawl a diolch ac ymuno gydag ef i fyw a rhannu cariad ac ymestyn ei deyrnasiad. Dyna sy'n gwneud yn gyfan fyd a bywydau drylliedig. Yng ngeirfa'r Beibl, sôn ydym am ymateb i her *galwad* neu *wahoddiad* Duw yng Nghrist i ni i ymuno yn ei fwriadau i achub bywyd. Derbyn yr her yw ystyr derbyn Iesu Grist a chynyddu ynddo fel stiwardiaid effeithiol iddo. Mae stiwardiaeth yn perthyn yn agos i feithrin disgyblion neu arweinwyr. Yn wir, yn Saesneg defnyddir y gair *discipleship* ac y mae'r dasg honno yn un i bersonau unigol ac i eglwys gyfan.

Wrth dderbyn yr her, rhoi iddo'r hyn ydym a'r hyn sydd gennym wrth fyw bob dydd a wnawn:

- dawn, gallu, amser, egni
- tosturi, sgwrs, meddwl, llaw a throed
- arian, eiddo.

Yn wir, Iesu ei hun yw'r patrwm i ni: rhoddodd ef y cwbl er ein mwyn ni. Ffordd arall o edrych ar stiwardiaeth yw sylweddoli ymddiriedaeth Duw ynom ni a'i ddisgwyliadau oddi wrthym. Mor bwysig yn y Beibl yw'r geiriau:

- ffyddlondeb i feddwl a bwriadau ein Tad ym mhob cylch ar fywyd
- tryloywder ein byw
- hybu cyfiawnder a heddwch
- byw haelionus.

Gallwn glymu'r cyfan ynghyd drwy gofio'r anogaeth i garu Duw â'n holl galon, ein holl enaid a'n holl feddwl, a'n cymydog fel ni ein hunain (Mathew 22:37). Yr ysgogiad, yn ôl Ioan, yw 'am iddo Ef yn gyntaf ein caru ni' (1 Ioan 4:19). Ymatebwn i'w gariad ef tuag atom yng Nghrist mewn diolchgarwch a chariad drwy dderbyn y cyfrifoldeb o fod yn 'stiwardiaid' ei newyddion da yng Nghrist i'w fyd cyfan, ei bresennol a'i ddyfodol. Pwysleisiwn eto fod ein hymateb i'w alwad yn bersonol, yn ogystal â bod yn ymateb cynulleidfa neu eglwys. Mae'r diwinydd Walter Brueggemann yn sôn amdanom yn 'dawnsio' gyda Duw, delwedd sy'n awgrymu agosatrwydd, cynhesrwydd, cydsymud, cydfynegi, cydlawenhau. Mae dawns yn llawn bywyd, egni, bwrlwm ac yn her fentrus. Felly stiwardiaeth – mae'n alwad i bawb o bob oed a chefndir gan ein clymu'n un o fewn y teulu Cristnogol. Mae'n fynegiant o gariad sy'n ei roi ei hunan i gofleidio ac iacháu a chyfannu.

Yn wir, mae ein stiwardiaeth yn dweud llawer amdanom ni; mae'n fesur o ba mor o ddifrif y cymerwn ein ffydd, o'r ymddiriedaeth a roed ynom ac a dderbyniwyd gennym. Mae ein cynnydd ym meddwl ac yn nisgyblaeth Crist yn dystiolaeth weledig i'r Duw Byw, y dywed cynifer erbyn heddiw nad yw'n bod. Pan na chymerwn ein rôl fel stiwardiaid o ddifrif, collwn gyfle i feithrin daioni, i ledaenu cariad ac adeiladu teyrnas Dduw. A chofiwn ddifrifwch geiriau Beiblaidd megis anufudd-dod ac anffyddlondeb (e.e. Amos 5:25; Mathew 5:13; 7:24–7). Beth am fethiant y 'gwyliwr ar y tŵr' yn y chwedl am foddi Cantre'r Gwaelod? Mae swydd stiward felly'n un gyfrifol iawn sy'n gofyn am ymrwymiad a dyfalbarhad cyson.

Neges y Beibl – Nodweddion y Stiward

1. Diolchgarwch

Mae diolchgarwch i Dduw yn hydreiddio'r Beibl, trwy'r Hen Destament a'r Testament Newydd fel ei gilydd. Sail crefydd yr Hen Destament yw'r syniad o gyfamod rhwng Duw a'i bobl: fel arwydd o'u diolch i Dduw am achub ac arwain y genedl o'i chaethiwed yn yr Aifft, y mae'r bobl yn ymrwymo i dreulio'u bywyd yn cadw ei Air, meithrin perthynas ag ef a bod yn dystiolaeth iddo ymysg y cenhedloedd. Mae eu ffyddlondeb i gariad Duw a'u hachubodd o'u caethiwed yn dangos maint eu diolch ac yn dystiolaeth i'w gariad o'u plaid. Dyma ddarlun o stiwardiaeth yr hen genedl:

> "Rhaid i chi gadw'r gorchmynion yma dw i'n eu rhoi i chi heddiw. Os gwnewch chi hynny, cewch fyw, bydd eich niferoedd chi'n tyfu, a chewch fynd i mewn i'r wlad wnaeth yr Arglwydd addo ei rhoi i'ch hynafiaid chi.

> "Peidiwch anghofio'r blynyddoedd dych chi wedi'u treulio yn yr anialwch. Roedd yr Arglwydd yn eich dysgu chi a'ch profi chi, i weld a oeddech chi yn wir yn mynd i wneud beth roedd e'n ddweud."
> (Deuteronomium: 8:1–2; b.n.)

Sylwn mai ar bwys ffyddlondeb a daioni Duw i'w bobl y disgwylir yr ymateb o ffyddlondeb ar ran ei bobl. Sylwn hefyd mor aml yn Llyfr y Salmau y clywn am fawl a diolch ar bwys daioni Duw (gweler e.e. Salmau 30:11–12; 105:1; 111; 118:1–4). Dyma hefyd sail ein stiwardiaeth ninnau. Yn y Testament Newydd mae stiwardiaeth yn fywyd o ddiolchgarwch am holl ddaioni Duw, yn arbennig ei ddod i'n plith yn Iesu o Nasareth, ei fywyd a'i waith, ei farw a'i atgyfodi a'i ddychweliad – a defnyddio geirfa'r ffydd: ei ymgnawdoliad, ei farw aberthol, ei atgyfodiad a'r Pentecost. Crynhoir ein diolch yn sacrament sanctaidd Swper yr Arglwydd neu'r Ewcharist, gair sy'n golygu rhoi diolch:

> Dw i wedi rhannu gyda chi beth wnes i ei dderbyn gan yr Arglwydd. Ar y noson honno pan gafodd ei fradychu cymerodd yr Arglwydd Iesu dorth. Ac ar ôl adrodd y weddi o ddiolch dyma fe'n ei thorri a dweud, "Dyma fy nghorff sy'n cael ei roi drosoch chi. Gwnewch hyn i gofio amdana i." Wedyn gwnaeth yr un peth ar ôl swper pan gymerodd y cwpan a dweud, "Mae'r cwpan yma'n cynrychioli'r ymrwymiad newydd mae Duw'n ei wneud, wedi'i selio gyda fy ngwaed i. Gwnewch hyn i gofio amdana i bob tro y byddwch yn yfed ohono."
> (1 Corinthiaid 11:23–5; b.n.)

Yma, yng nghyswllt ein cymundeb â Duw drwy Iesu Grist, mae Paul yn defnyddio iaith a chyfrifoldeb stiward – derbyn a phasio mlaen – gan ein hatgoffa o ddwyster ein hymrwymiad Cristnogol i Dduw yng Nghrist. Nodwn hefyd fod y diolch a'r ymrwymiad yn digwydd yng nghyswllt addoli, ac mai dyma ffynhonnell nerth a chynhaliaeth y stiward. Wrth dderbyn yr efengyl, rhaid ei chyflwyno mewn diolchgarwch i'r genhedlaeth nesaf. Mae geiriau sacrament Swper yr Arglwydd yn pwysleisio diolchgarwch wrth i ni gofio Crist ac ymrwymo iddo mewn gwasanaeth ffyddlon. Mae derbyn mewn diolchgarwch yn arwain yn naturiol at roi a rhannu.

2. Ufudd-dod, gonestrwydd a diwydrwydd

Gair i'w gysylltu â stiwardiaeth ydi ufudd-dod i ofynion y Meistr. Mae ufudd-dod yn ein helpu i feithrin ein ffydd yn y Meistr a gostyngeiddrwydd ynom ni'n hunain. Daw i'r golwg mewn parch, gonestrwydd a diwydrwydd. Mae felly'n rhan annatod o stiwardiaeth gyfrifol. Rhed ufudd-dod i Dduw yn thema gadarn drwy'r Beibl. Mae i'w gweld yn glir yn llyfr Deuteronomium (e.e. 8:11–20). Fe gofiwch hefyd eiriau proffwydi'r wythfed ganrif.

- Dyna Micha: beth a gais yr Arglwydd gennyt? Dim ond gwneud beth sy'n iawn, caru ffyddlondeb, a rhodio'n ostyngedig gyda'th Dduw (Micha 6:8).
- Meddai Amos: 'Ewch â sŵn eich caneuon oddi wrthyf; ni wrandawaf ar gainc eich telynau. Ond llifed barn fel dyfroedd a chyfiawnder fel afon gref' (Amos 5:23–4; BCN).
- Clywch farn Eseia ar anufudd-dod Israel: 'O genhedlaeth bechadurus, pobl dan faich o ddrygioni, epil drwgweithredwyr, plant anrheithwyr! Y maent wedi gadael yr Arglwydd, wedi dirmygu Sanct Israel, a throi cefn.' (Eseia 1:4; BCN)

Mae i ufudd-dod, ac felly stiwardiaeth, oblygiadau moesol, nid yn unig ym mywyd personol pobl Dduw ond hefyd ym mywyd bro ac ardal, cenedl a byd. Mae amddiffyn y tlawd, yr anghenus, y gwrthodedig a'r ymylol bob amser ymhlyg yn ein ffydd ac yn fynegiant o'n stiwardiaeth. Cofiwn eiriau Lefiticus: 'Pan fyddi'n casglu'r cynhaeaf, rhaid i ti beidio casglu'r cwbl o bob cornel o'r cae. A phaid mynd drwy'r cae yn casglu popeth sydd wedi'i adael ar ôl. Rhaid i ti adael peth i bobl dlawd, a'r rhai sydd ddim yn bobl Israel. Fi ydy'r Arglwydd eich Duw chi.' (Lefiticus 23:22; b.n.) Mae Iesu hefyd yn galw arnom i ymgeleddu'r tlawd a'r rhai sydd ar yr ymylon, ac mae gwneud hynny'n arwydd o'n hufudd-dod i'w ofynion. Yn wir, mae gadael i'r Gair ein herio'n gyson i adolygu ein stiwardiaeth yn wyneb galwad Crist ac angen dynoliaeth yn arwydd o'n hufudd-dod.

Yn ôl Luc, mae bywyd tragwyddol yn dibynnu ar rannu ein cyfoeth ag eraill – ac nid tasg hawdd mo honno. Mae'n gofyn am newid golygwedd a blaenoriaethau, fel y dangosodd Iesu i'r llywodraethwr ifanc cyfoethog a aeth ymaith yn drist iawn (Luc 18:18–23), a chlywn Paul yn cytuno yn Philipiaid 2:5. I'r Cristion, mae stiwardiaeth yn golygu disgyblu ein hunain ym meddwl a ffyrdd Iesu Crist ym mhob rhan o fywyd: dawn, amser, egni, arian ac ati. Mae ymdrech yn perthyn i stiwardiaeth ac mae hynny'n ein cadw'n ddiwyd, yn ostyngedig ac yn ddiymffrost, fel y pwysleisia Mathew wrth sôn am gyfrannu (Mathew 6:2). Does dim lle mewn stiwardiaeth i 'ganu utgorn': ufudd-dod tawel, disgybledig, naturiol ydyw.

3. Bod yn ffyddlon

Yn ogystal â gostyngeiddrwydd, nodwedd arall i'w gweld a'i synhwyro yw ffyddlondeb y stiward, ac mae hon hefyd yn nodwedd bwysig iawn. Yn ei ddydd bu Joseff yn ffyddlon yng ngwasanaeth Potiffar, gan ennill ei ymddiriedaeth a bod yn gyfrwng bendith Duw i'r Eifftiwr hwnnw (Genesis 39:4–5). Yn Nameg y Codau Arian (Mathew 25:14–30), caiff y ddau was da eu canmol: 'buost yn ffyddlon wrth ofalu am ychydig' yw'r gymeradwyaeth, ond nid felly'r trydydd na wnaeth ymdrech i fodloni ei feistr. Canlyniad ffyddlondeb yw derbyn rhagor o ymddiriedaeth oddi wrth y Meistr: 'mi a'th osodaf ar lawer' a mwynhau ei gymeradwyaeth drwy ymuno yn ei 'lawenydd'. Trwy ffyddlondeb y stiward mae'r gwaith yn ymestyn ac yn mynd yn ei flaen, a phwrpas y Meistr yn cael ei sylweddoli. Nid oes cynnydd nac elw pan yw'r stiward yn ddi-hid neu'n ddifater. Mae stori'r Fforman Craff neu'r Goruchwyliwr Anonest yn pwysleisio mor bwysig yw bod yn ffyddlon, hyd yn oed yn y pethau bychain, gan fod hynny'n arwydd o ffyddlondeb yn y pethau mwy:

> "Roedd rhaid i'r meistr edmygu'r fforman am fod mor graff, er ei fod yn anonest. Ac mae'n wir fod pobl y byd yn fwy craff wrth drin pobl eraill na phobl y golau. Dw i'n dweud wrthoch chi, gwnewch ffrindiau drwy ddefnyddio'ch arian er lles pobl eraill. Pan fydd gynnoch chi ddim ar ôl, bydd croeso i chi yn y nefoedd.
>
> "Os gellir eich trystio chi gyda phethau bach, gellir eich trystio chi gyda phethau mawr. Ond os ydych chi'n twyllo gyda phethau bach, sut mae eich trystio chi gyda phethau mawr? Felly os dych chi ddim

yn onest wrth drin arian, pwy sy'n mynd i'ch trystio chi gyda'r gwir
gyfoeth?"

(Luc 16:8–11; b.n.)

Trwy fod yn ffyddlon mae'r stiward yn dwyn ffrwyth i dri chyfeiriad: mae'n ei
gyfoethogi ei hun drwy dyfu ac aeddfedu yng Nghrist; mae'n gyfrwng lles a
bendith i eraill, boed bell neu agos, drwy ei roi a'i rannu, ac wrth gwrs mae
ei fywyd yn glod i Dduw, a'i galwodd ac sy'n ei gynnal yn ei waith.

4. Llawenydd

Mae'r Beibl hefyd yn sôn am *lawenydd* y stiward yn ei waith. Mae'n ddigon
tebyg y bydd iddo deimlo'r ddisgyblaeth yn her a'r blaenoriaethau i'w
meithrin yn groes i'r poblogaidd, cyfoes. Nid baich sy'n llethu neu'n fwrn
yw'r gwaith, oherwydd diolchgarwch mewn cariad tuag at Dduw yn Iesu
yw'r ysgogiad. Mae'n gân, yn ddawns; mae'n wefreiddiol gan fod y stiward
yn ymuno yng ngwaith y Duw Byw sy a'i fwriadau yng ngwead bywyd y
greadigaeth. Wrth ymuno ag ef daw'r stiward i adnabod ei Grëwr a'i Dad.
Daw'r llawenydd o fod yn bartner, bychan reit siŵr, mewn creu'r dyfodol
newydd y mae Duw wrthi'n ei adeiladu. Llawenydd perthyn, pwrpas,
cyfeiriad a blas ar fyw yw llawenydd y stiward, yn ogystal â bod yn gymorth,
yn fendith ac yn dystiolaeth i eraill.

> Dw i eisiau dweud wrthoch chi, frodyr a chwiorydd, am y ddawn
> o haelioni mae Duw wedi'i rhoi i'r eglwysi yn nhalaith Macedonia.
> Er eu bod nhw wedi bod drwy amser caled ofnadwy, roedd eu
> llawenydd nhw'n gorlifo yng nghanol tlodi eithafol. Buon nhw'n
> anhygoel o hael! Dw i'n dweud wrthoch chi eu bod wedi rhoi cymaint
> ag oedden nhw'n gallu ei fforddio – do, a mwy! Nhw, ohonyn nhw'u
> hunain, oedd yn pledio'n daer arnon ni am gael y fraint o rannu yn
> y gwaith o helpu Cristnogion Jerwsalem.
>
> (2 Corinthiaid 8:1–4; b.n.)

rhoddwr llawen y mae Duw'n ei garu (2 Corinthiaid:9:7).

Daw geirfa'r stiward, disgybl Crist, i'r golwg yn glir yn y dyfyniad: rhoi yn ôl
y gallu a thu hwnt yn wirfoddol, braint i'w deisyfu, llawenydd! I ba raddau y
mae'r geiriau hyn yn mynegi ein profiad o weithio a chyfrannu i Eglwys Iesu
Grist heddiw, tybed?

I grisialu'r cyfan: beth yw stiward Cristnogol? Person sy'n gosod ei ffydd yn Iesu, ei air a'i weithredoedd, ei farw a'i gyfodi: 'Ynddo ef yr oedd bywyd, a'r bywyd, goleuni dynion ydoedd.' Hefyd, un y mae ef yn gosod ei ffydd ynddi/ynddo fel ei stiward i barhau ei waith yn y byd ac, fel y Meistr, i fod yn fendith i eraill ac yn glod i Dduw.

Storïau

Thema cyfarfodydd Rhanbarth Affrica CWM (Council for World Mission) yn 2015 oedd 'Meiddio gobeithio pan fo popeth yn dweud Na!'

(1) Yn ei sylwadau, meddai Jennifer Shamu, Is-lywydd y Rhanbarth:

> Mae beiddio gobeithio yn golygu sefyll ochr yn ochr ag Iesu sy'n datgan yn gwbl gadarn, 'Ni ddaw'r lleidr ond i ladrata ac i ladd ac i ddinistrio. Yr wyf fi wedi dod er mwyn i ddynion gael bywyd, a'i gael yn ei holl gyflawnder.' (Ioan:10:10) Mae siarad gobaith yn golygu byw ein geiriau a marw er eu mwyn ... holi a herio diwylliant tynghediaeth (*fatalism*), sy'n darlunio popeth yn negyddol ... mae'n galw arnom i gyhoeddi diwinyddiaeth gobaith yn Nuw yn unig gan gadarnhau, hyd yn oed pe bai popeth yn pwyntio tuag at 'Na', y byddai eto sail i obeithio.

Ysbrydoli, herio – dyna ddarlun o'r stiward Cristnogol.

(2) Colin Cowan yw Ysgrifennydd Cyffredinol CWM. Yn ei anerchiad i'r gynhadledd mae'n datgan bod yn rhaid bod bywyd gwell ar gyfer y rhai a sethrir dan draed a'u bwrw o'r neilltu: i'r miloedd o ferched a bechgyn sy'n cael eu gwerthu beunydd er budd economaidd a rhywiol eraill, i'r cannoedd o filoedd o rai newynog yng nghanol cyfoeth ein byd. Bywyd gwell i'r rhai hoyw a wrthodir oherwydd eu tueddiadau rhywiol, i'r lladd direswm sydd mor ddireswm yn y gwledydd a'r ymraniadau llwythol sy'n ein labelu ac yn ein gwahanu oddi wrth ein gilydd, ac i'r greadigaeth sy'n gwingo dan ei chamdriniaeth.

Mae ei berorasiwn yn ein hatgoffa o'n cyfrifoldeb a'n braint fel Eglwys ac fel stiwardiaid yr efengyl:

> Beiddiaf awgrymu bod yr eglwys yn cael ei galw i fod yn llais ac

yn bresenoldeb gobaith mewn cyd-destun lle mae gobaith yn golygu dim mwy na phoen gohiriedig a lle mae amheuaeth ac ofn yn ysbeilio pobl o ysbryd anturus ac ymchwil i bosibiliadau bywyd. Anogaf ni i gymryd meddiant o rym a gwroldeb ein ffydd fel y bydd i'n byd wybod nad yw ein gobaith yn gorffwys ar ddim llai na Christ, y graig ddisymud. Anogaf ni i dystio i'r byd mai yng Nghrist yn unig y ffeindiwn ein gobaith. Anogaf ni i wrthod y safbwynt bod popeth yn dweud 'na' drwy bwyntio at y myrdd pethau sy'n dweud 'ie'. Yn fwy na dim, anogaf ni i gyfeirio eraill at Dduw'r gobaith, nad oes i'w ffyddlondeb na'i gariad unrhyw amod na rhwystr.

Yn anad dim, felly, ffynnon gobaith yw'r stiward o Gristion mewn byd o drais a thristwch.

(3) Yn Albania y mae gwreiddiau D. sy'n byw gyda'i merch a gŵr a fynnai ei cham-drin. Cyfarfu â dyn ffeind a meithrin perthynas ag ef. Aeth â hi i'w fflat ac addo edrych ar ei hôl, ond pan geisiodd adael rhoddodd alcohol a chyffuriau iddi, i'w meddwi. Gorfu iddi gysgu gyda dynion eraill a ddeuai i mewn. Protestiodd wrth y dyn a ystyriai'n gariad iddi nad oedd am wneud hyn, ond bygythiodd ladd ei merch os na fyddai'n barod i gael rhyw gyda'r dynion hyn. Teimlai D. warth ofnadwy; tybiai y byddai ei theulu yn ei bwrw heibio pe baent yn dod i wybod ei hanes.

Un diwrnod tybiodd ei bod wedi ffeindio rhywun a allai ei helpu drwy drefnu iddi ffoi i Brydain. Ond O! y fath siom o ffeindio'r un stori'n ei hailadrodd ei hun drachefn. A phan wrthodai gydymffurfio, câi ei bwrw, ei chadw heb fwyd am ddyddiau a'i llosgi â sigarét.

Bedwar mis yn ddiweddarach ffodd drwy ffenest agored a rhedeg nerth ei thraed drwy gaeau ac ar fysiau nes i rywun ei ffeindio mewn trallod mawr ar y stryd a'i chyfeirio at Fyddin yr Iachawdwriaeth. Bellach, mae wedi derbyn sesiynau cownsela, cofrestru gyda meddyg teulu a deintydd, wedi dysgu Saesneg a cheisio lloches yn y wlad hon. Ei dymuniad yw cael ei hyfforddi'n nyrs ond erys y graith a'i hofn o'r dyfodol. Nid yw wedi llwyddo i gysylltu â'i theulu.

(Gyda diolch i Fyddin yr Iachawdwriaeth;
addasiad o'u hadroddiad am 2017)

Byw'r ffydd mewn tosturi ac ysbryd cadarnhaol yn gyhoeddus yw tasg y stiward.

Myfyrdod

Mae'r Ysgrythur yn ei gwneud yn glir mai prif ysgogiad y stiward o Gristion yw ei ymateb i ryfeddod haelioni cariad Duw yn Iesu Grist tuag atom bawb oll ac yn wir tuag at fyd cyfan. Wrth gofleidio'r cariad hwn a chael ein cofleidio ganddo, derbyniwn yn ddiolchgar y cyfrifoldeb o fod yn stiwardiaid i'r Duw Byw. Amlygwn hynny drwy roi'r cyfan sydd ynom mewn addoliad iddo ef ac mewn gwasanaeth i'n hoes. Efe yw ffynhonnell ein gweledigaeth a'n hegni ar gyfer ein tasg fel stiwardiaid. Wrth wasanaethu drwy ymdrechu i gyfarfod anghenion mewn bro ac ardal, yr ydym yn tystio i fywyd a blaenoriaethau teyrnas Dduw. Mae ansawdd bywyd y stiward i'w adlewyrchu yn ei ymroddiad i ddefnyddio'i ddawn, ei amser, ei egni a'i eiddo mewn ffyddlondeb i'w feistr. Yn y ffordd hon y mae'r stiward, yn bersonol a chyda'i gyd-stiwardiaid, yn cyfathrebu i'r oes hon fawredd a rhyfeddod cariad Duw. Dyma ffordd amgenach y ffydd, ffordd gobaith dynoliaeth a'r greadigaeth, 'ffordd newydd' Iesu Grist.

Fwy nag unwaith yn ei lythyrau at yr eglwysi mae Paul yn dymuno i'r aelodau dyfu yng Nghrist er mwyn iddynt gryfhau yn eu ffydd, miniogi eu tystiolaeth ac felly amlygu stiwardiaeth gyfrifol. Does dim dwywaith nad yw egni'r Duw Byw, drwy ein haddoliad, yn ein haeddfedu, ond peidiwn ag anghofio pwysigrwydd hunanddisgyblaeth yn ein hymateb iddo: dymuno bod yn ddisgybl a byw yn ei wasanaeth. Mae'r gwasanaeth hwnnw'n weladwy ac yn arddangos gwerthoedd a blaenoriaethau teyrnasiad Duw yn ei fyd. Mae hefyd yn rhoi i ni ddimensiwn ysbrydol a gwahanol i fywyd a hwnnw, i'r sawl sy'n byw iddo, yn alwad i weld a dilyn.

I Emrys ap Iwan, 'bod yn anhunangar, yn faddeugar, yn gyfiawn, yn drugarog, yn ufudd, ac yn bennaf oll yn ostyngedig, sy'n rhoi'r hawl i ddyn wisgo'r enw "disgybl"'. Geiriau sy'n perthyn yn agos iawn i'w gilydd yn ein perthynas ag Iesu yw disgybl, stiward a chyfaill: y cyntaf yn sôn am gymryd ein dysgu ganddo wrth ei ddilyn; yr ail yn cyfleu ei ymddiriedaeth ynom a'n cyfrifoldeb tuag ato; a'r trydydd yn cyfeirio at y berthynas agos, aeddfed a chynnes rhyngom ac ef.

Trafodaeth

1. A oes angen hyrwyddo'r argyhoeddiad o fod yn stiwardiaid Crist yn yr eglwys rydych chi'n perthyn iddi? Sut wnawn ni hynny?

2. Ydi'r addoliad yn eich tanio ac yn eich ysgogi fel stiwardiaid?

3. 'Mae'r capel yn amherthnasol i fywyd bro ac ardal heddiw.' Beth ddywed hynny am ein gwaith fel stiwardiaid?

4. Gwnewch restr o'r gwahanol grwpiau/ cymdeithasau/ mudiadau rydych chi'n perthyn iddynt. A oes perthynas rhyngddyn nhw a'ch rôl fel stiward Iesu Grist?

Gweddi

Diolch i ti, Arglwydd nef a daear:
Dewisaist amlygu dy hun i'r byd yn Iesu o Nasareth
a'i ddisgyblion
drwy'r oesoedd
ymhlith gwledydd daear.
Ti fu eu hysbrydoliaeth,
y tân a'u meddiannodd
dros ledaenu'r bywyd sydd ynot ti.
Molwn di am ein hetifeddiaeth ni a cheisiwn heddiw barhau stiwardiaeth dda a chyfrifol fel y rhai fu yma o'n blaen ni. Amen.

Emyn 752: 'Mae arnaf eisiau sêl'

PENNOD 2

Gwasanaethu'r Duw Byw: Meddwl Crist

Pwrpas y bennod hon yw holi sut y mae adnabod meddwl Crist a chael ein meddiannu ganddo.

Defosiwn
'Am Iesu hardd meddyliaf' (i'w ganu neu ei gydadrodd yn feddylgar)

> Am Iesu hardd meddyliaf
> A thrwyddo af at Dduw;
> Myfyrdod glân amdano
> A rydd im nerth i fyw:
> O! rho imi feddwl amdanat o hyd,
> A'th weled yn harddach na dim yn y byd.
>
> I'r Iesu hardd y canaf,
> A'i foli fydd fy nhasg
> Wrth gofio am ei eni,
> Ei Groglith ef a'i Basg:
> O! rho imi awydd i'th ganmol yn awr,
> A dal i'th foliannu, yr hwn wyt mor fawr.
>
> Fy Iesu hardd a garaf
> Trwy f'oes yn fwy nag un;
> Does neb yn haeddu 'mywyd
> I gyd ond ef ei hun:
> O! rho imi galon â'i nodau yn gân,
> A fyddo yn foddion i'm cadw yn lân.
>
> Yr Iesu hardd a fynnaf
> I wneud y byd yn well,
> I ladd pob ofn a gormes
> Yn agos ac ymhell:
> O! boed imi ddilyn dy gamre drwy f'oes,
> A mentro i'r llwybyr sy'n arwain i'r groes.
> *John Roberts (1910–84) gyda chaniatâd parod y teulu*

Darllen: Salm 139:7–18: Philipiaid 2: 5–11

Gweddi

Arweinydd:	Arglwydd, lluniaist nef a daear a chreaist fywyd drwy dy air.
Pawb:	**Dyma wybodaeth ry ryfedd i ni.**
Arweinydd:	Dy air sydd wirionedd, yn mynegi dy feddyliau sanctaidd.
Pawb:	**Dyma wybodaeth ry ryfedd i ni.**
Arweinydd:	Dy feddyliau di, bywyd ac addewid ydynt.
Pawb:	**Dyma wybodaeth ry ryfedd i ni.**
Arweinydd:	Daeth y gair yn gnawd a byw yn ein plith.
Pawb:	**Dyma wybodaeth ry ryfedd i ni.**
Arweinydd:	Dymunwn i'th air wneud ei gartref ynom ni fel bod gennym feddwl Crist.
Pawb:	**Arglwydd, agor i ni dy air, a thrwy dy Ysbryd bydded iddo ein meddiannu'n llwyrach. Amen.**

Cydadrodd Gweddi'r Arglwydd

Cyflwyniad

Wrth sôn am Dduw fel crëwr a chynhaliwr mae'r Beibl yn cyfeirio ato fel y Duw Byw sy'n parhau i fod ar waith yn ei fyd. Mae'n nesáu at ei bobl, wrth iddyn nhw nesáu ato ef. Darllenwn amdano'n galw neu'n gwahodd pobl i weithio gydag ef. Mae'n werth cofio sut y galwodd Moses wrth y berth (Exodus 3:1–22), Eseia yn y deml (Eseia 6:1–13), Amos y bugail a'r triniwr coed yn ei faes (Amos 7:14–15), Hosea ym mhrofiadau tywyll ei briodas, a'r Ail Eseia yng nghaethiwed Babilon (Eseia 40:6–8).

Ymddiriedwyd iddynt neges berthnasol i amgylchiadau eu pobl yn eu hoes a'u cyd-destun nhw. Weithiau mae'n her iddynt newid eu ffyrdd; dro arall mae'n addewid o ddechrau newydd, ond mae bob amser yn obaith drwy alw pobl i ffydd yn Nuw'r cyfamod. Cofiwn i Iesu ddyfynnu geiriau Eseia i ddisgrifio'i weinidogaeth ar ei dechrau gan ei osod ei hun yn llinach y proffwydi:

> *"Mae ysbryd yr Arglwydd arna i,*
> *oherwydd mae wedi fy eneinio i*
> *i gyhoeddi newyddion da i bobl dlawd.*

Mae wedi fy anfon i gyhoeddi fod y rhai sy'n gaeth i gael rhyddid,
a phobl sy'n ddall i gael eu golwg yn ôl,
a'r rhai sy'n cael eu cam-drin i ddianc o afael y gormeswr,
a dweud hefyd fod y flwyddyn i'r Arglwydd ddangos ei ffafr wedi
dod."

(Luc 4:18–19; b.n.)

Gwelwn i Paul, wrth ysgrifennu at aelodau'r eglwys yn Effesus tua'r flwyddyn 60 OC, gyfeirio atynt yno (ac at yr eglwysi'n gyffredinol) fel rhai wedi'u creu yng Nghrist i fywyd o ddaioni er mwyn dangos haelioni Duw i'r oesoedd sy'n dod: 'Felly bydd haelioni Duw i'w weld yn glir yn y byd sydd i ddod. Does dim byd tebyg yn unman i'r caredigrwydd ddangosodd aton ni drwy beth wnaeth y Meseia Iesu.' (Effesiaid 2:7; b.n.)

Dyna'r stiward – tyst i gariad deinamig Duw yn Iesu Grist sy'n gwneud popeth yn newydd drwy fod ar waith ymysg pobl. Dyma neges Pedr hefyd yn ddiweddarach, o bosib, gan bwysleisio pwrpas a chyfrifoldeb y Cristion: 'Eich lle chi ydy dangos i eraill mor wych ydy Duw, yr Un alwodd chi allan o'r tywyllwch i mewn i'w olau bendigedig.' (1 Pedr 2:9; b.n.)

Yn wir, gellir dweud mai Iesu Grist yw stiward *par excellence* holl roddion Duw – ei feddyliau, ei bwrpas a'i fwriadau; yn wir, ei natur, ei gariad a'i ras. Galwodd yntau ei ddisgyblion gan rannu trysorau ei feddyliau a'i fywyd â nhw fel eu bod nhw yn eu rhannu â phawb. Ym mhob ardal drwy Gymru bu iddo'i ddisgyblion drwy'r canrifoedd. Fel stiwardiaid Crist heddiw, dyma'r olyniaeth y safwn ynddi. Mae'n olyniaeth apostolaidd gan ei bod yn ein cysylltu â'r apostolion cyntaf a anfonodd Iesu allan i'w waith yn y Testament Newydd.

Nodwn ddau bwynt. O gofio i'r disgyblion cyntaf dreulio cymaint o amser efo Iesu, dysgwn mor bwysig yw i'r stiward ei drwytho'i hun ym meddwl a bwriadau ei Arglwydd. Dyma sut y gall ddefnyddio'i amser a'i ddoniau fel goruchwyliwr cydwybodol a ffyddlon o'r newyddion da a ymddiriedwyd iddo. Pwysig hefyd yw cofio bod 'meddwl Duw' ac 'Ysbryd Duw' yn perthyn yn agos i'w gilydd; ei Ysbryd neu ei egni bywiol sy'n ein galluogi i adnabod ei feddyliau a'n harwain i'w deall a'u byw. Nid cwestiwn y stiward yw: beth a wnâi Iesu petai yma, ond beth mae Iesu am i ni ei wneud neu am i ni fod, a ninnau yma yn yr unfed ganrif ar hugain? Mae ef yn bresennol ynom ni a thrwom ni, ei stiwardiaid cyfoes.

Braint fawr i ddynoliaeth yw bod y Duw Byw wedi dymuno gwneud yn glir i ni ei fwriadau a'i amcanion yn Iesu o Nasareth; braint fwy yw ei fod yn ein gwahodd i ymuno ag ef i'w hyrwyddo. Ffordd Iesu o ddweud hynny yw sôn am ledaenu teyrnasiad Duw yn ei fyd ac ymysg pobl. Ein tasg fel stiwardiaid felly yw amlygu meddwl a bwriadau 'Ein Tad' ym mhob cylch o fywyd ac ym mhob ffordd bosibl. Os honnir mai rhan o gyfrinach llwyddiant Alex Ferguson a thîm Man U oedd fod y tîm yn adnabod ffordd o feddwl a disgwyliadau'r rheolwr, felly hefyd stiwardiaid Duw yn Iesu o Nasareth. Dyna bwysigrwydd bod 'gydag e' (Marc 3:14; b.n.). Rhaid ymateb i'w wahoddiad i fod gydag ef. Ystyriwch eiriau'r cerddor Bono mewn cyfweliad unwaith: 'Pan gysylltwch eich hun â phwrpas Duw fel y'i disgrifir yn yr Ysgrythurau, mae rhywbeth eithriadol yn digwydd yn eich bywyd.'

Neges y Beibl

1. Meddwl Crist, meddwl Duw ydyw

Gwelsom mai'r digwyddiad sy'n sylfaen i ffydd yr Hen Destament oedd Duw yn rhyddhau cenedl Israel o'i chaethiwed yn yr Aifft, ac ar bwys hynny yn hawlio'i theyrngarwch. Maent i'w addoli a'i wasanaethu ef yn unig. Trwy eu bywyd ysbrydol, eu byw moesol ac ymarferol, roedd ei stamp ef i fod arnynt. Roeddent i fod yn bobl iddo, yn rhai y byddai'r cenhedloedd eraill yn dod i'w adnabod drwyddynt. Rhaid felly oedd gwylio rhag tyfu'n debyg iddyn nhw, ac o ganlyniad daeth y Gyfraith y daethom i'w nabod fel y Deg Gorchymyn yn sylfaen cyfrifoldeb y genedl o fewn y cyfamod:

> Dyma Moses yn galw pobl Israel at ei gilydd ac yn dweud wrthyn nhw: "Israel, gwrandwch ar y rheolau a'r canllawiau dw i'n eu rhoi i chi heddiw. Dw i eisiau i chi eu dysgu nhw a'u cadw nhw.
> "Roedd yr Arglwydd ein Duw wedi gwneud ymrwymiad gyda ni wrth fynydd Sinai. Gwnaeth hynny nid yn unig gyda'n rhieni, ond gyda ni i gyd sy'n fyw yma heddiw. Siaradodd Duw gyda ni wyneb yn wyneb o ganol y tân ar y mynydd.
> (Deuteronomium 5:1–4; b.n.)

Cyflwyno'r Deg Gorchymyn i ni wna'r adnodau hyn. O safbwynt stiwardiaeth Gristnogol y mae i ni nodi pwysigrwydd tri phwynt:

- Mae *dysgu* a *gweithredu* geiriau'r cyfamod yn greiddiol: dyma rydd hynodrwydd neu hunaniaeth i'r genedl fel pobl Dduw.
- Mae dilysu'r cyfamod yn her gyfoes – *gyda ni*. Crynhoir y disgwyliadau yn y Shema (datganiad o ffydd yr Iddew), â'r anogaeth i garu Duw â'u holl galon, enaid a nerth, a phasio'r geiriau ymlaen o genhedlaeth i genhedlaeth (Deuteronomium 6:4–9). Defnyddiodd Iesu y geiriau hyn yn y Gorchymyn Mawr (Mathew 22:34–40).
- Mae'r genedl hithau'n bwysig: *cymuned* o bobl i Dduw, yn ôl Exodus 19:1–16, 'yn deyrnas o offeiriaid i mi, ac yn genedl sanctaidd' ymhlith yr holl genhedloedd. Mae'r Testament Newydd hefyd yn datgan mai'r eglwys Gristnogol yw 'Israel newydd Duw' ac mae Pedr yn sôn amdani fel '[c]enedl sanctaidd, pobl briodol i Dduw' (1 Pedr 2:9).

Ymddiriedaeth Duw yn ei bobl sydd yma, a thasg aml y proffwyd oedd galw'r genedl yn ôl i'r ymddiriedaeth honno (e.e. Amos 4:13, Eseia 55:6–11). Mae Iesu'n mynegi'r un ymddiriedaeth wrth sôn am her a galwad teyrnasiad Duw: mae'n pwysleisio dysgu a gweithredu bywyd y deyrnas (e.e. Mathew 5:48) drwy garu Duw â'n holl galon, enaid a nerth (Luc 10:27–37) ac y mae'r cysyniad o bobl y deyrnas yn ganolog iddo (gw. Luc 11:20 yn un enghraifft). Yn wir, mae'n defnyddio agenda'r proffwyd fel ei faniffesto ar ddechrau ei genhadaeth: rhyddhau caethion, cysuro'r toredig, gobaith i'r briwedig, bod yn gyfrwng newydd da Duw (Luc 4:16–21). Dyma raglen waith teyrnas Dduw. Wrth ei drwytho'i hun ym meddwl Crist caiff y stiward ei feithrin ym meddwl a bwriadau Duw, crëwr, cynhaliwr ac arglwydd creadigaeth gyfan. Wrth dderbyn a dilyn Crist deuwn yn stiwardiaid gobeithion a bwriadau Duw ei hun.

2. Meddwl Crist – cyflawni, nid dechrau newydd

Fel stiwardiaid Crist, ymuno wnawn yn y gwaith y mae Duw eisoes wrthi'n ei wneud. Ymuno â ffrwd sy'n rhedeg drwy hanes a wnawn, a honno'n creu'r 'ddynoliaeth newydd', chwedl Paul (Effesiaid 2:15; 4:13). Yng ngeiriau Iesu:

> Peidiwch meddwl fy mod i wedi dod i gael gwared â Chyfraith Moses ac ysgrifau'r Proffwydi. Dim o gwbl! Dw i wedi dod i ddangos beth maen nhw'n ei olygu. Credwch chi fi, fydd dim un llythyren na manylyn lleia o'r Gyfraith yn cael ei ddileu nes bydd y nefoedd a'r ddaear yn diflannu. Rhaid i'r cwbl ddigwydd gyntaf. Bydd pwy

bynnag sy'n torri'r gorchymyn lleia, ac yn dysgu pobl eraill wneud yr un peth, yn cael ei ystyried y lleia yn y deyrnas nefol. Ond bydd pwy bynnag sy'n byw yn ufudd i'r gorchmynion ac yn dysgu eraill i wneud hynny yn cael ei ystyried y mwya yn y deyrnas nefol. Dw i'n dweud hyn – os fyddwch chi ddim yn byw'n fwy cyfiawn na'r Phariseaid a'r arbenigwyr yn y Gyfraith, fyddwch chi byth yn un o'r rhai mae'r Un nefol yn teyrnasu yn eu bywydau.

(Mathew 5:17–20; b.n.)

Nid cychwyn trefn newydd wnaeth Iesu ond ehangu a dyfnhau'r llif oedd eisoes yn rhedeg. Aiff y tu hwnt i ddisgwyliadau traddodiad wrth sôn am y 'manylyn lleia' neu dynnu allan yr aelod o'r corff sy'n peri rhwystr. Mae'n sôn am ymatal rhag dial (Mathew 5:38), am ffydd ddi-sioe (Mathew 6:1), am warchod a diogelu plant (Mathew 18:2:6; Marc 10:13–16) ac am faddau'n helaeth (Mathew 18:21), am garu gelyn, a bod yn blant i'n Tad nefol (Mathew 5:43). Mae'n sôn am beidio â barnu eraill (Luc 6:37–42) ac am gerdded yr ail filltir (Mathew 5:40). Mae'n sôn am fod yn gyfryngau tangnefedd a hybu cymod (Luc:12:57), am fod yn fyw i anghenion y tlodion a'r rhai sydd ar yr ymylon ac am feithrin bywyd glân a phur (Mathew 5:8).

Bu i rai ofyn ai anymarferol ac, os felly, ai amherthnasol yw disgwyliadau Iesu. Ond y gwir yw mai dyma ansawdd bywyd dan deyrnasiad Duw. Fe'i gwelwn yn aml yn groes-ddiwylliannol (*counter-cultural*) ac felly'n her neu hyd oed yn alwad i'r rhai sy'n synhwyro arwyddocâd y disgwyliadau. Maent yn arddangos gwerthoedd gwahanol y deyrnas ac yn ernes neu'n addewid o'r hyn sy'n bosibl ac o'r dyfodol pan ddaw'r deyrnas i'w llawnder. Mae yma hefyd ofyn am hunanddisgyblaeth ym meddwl ac yn ffordd Crist.

Gwelsom eisoes fwriad Duw yn meithrin pobol iddo'i hun a'u bywyd yn cyfathrebu ei natur a'i amcanion ef. Mae i ni atebolrwydd i'r hwn sydd wedi ymddiried bywyd ei deyrnas i ni. Mor bwysig, felly, yw bod meddwl Crist yn cynyddu ynom fel y byddwn ni, stiwardiaid ei deyrnas, wrth reddf a natur yn ffyddlon ac o ddifrif yn ein hatebolrwydd. Dyna wefr a chyffro'r stiward da – gweld ei fywyd mewn partneriaeth â'i Arglwydd yn chwyddo llif ffrwd y deyrnas. Cyflawni bwriadau Duw yn ôl meddwl Crist yw nod y stiward yntau hefyd, fel ei feistr.

3. Meddwl Crist – cariad yn dyrchafu bywyd ydyw

Ochr yn ochr â chyflawni'r gyfraith, ond yn rhan o'r un ffrwd, y mae cydymdeimlad Iesu â phobl, gan ein hatgoffa o eiriau'r Salmau wrth ddisgrifio Duw: 'Mae'r Arglwydd mor drugarog a charedig.' Nodwn rai enghreifftiau o gariad Iesu yn dyrchafu bywyd: ei ymwneud â'r wraig o Samaria (Ioan 4), sy'n golygu iddo groesi sawl ffin – tras, crefydd, statws – i'w fynegi; Dameg y Samariad Trugarog (Luc 10:25–37): does dim ffin i weithredu tosturi a chreu perthynas newydd; Dameg y Tad Cariadlawn (Luc 15:11–32): deinamig cofleidio a maddau a chroesawu'n ôl. Mae Iesu'n mynd y tu hwnt i orchymyn a thraddodiad wrth dosturio (*compassion* ywr gair Saesneg) â phobl, yn enwedig y caeth, yr ymylol a'r gwrthodedig, gan eu rhyddhau o gaethiwed eu sefyllfa a rhoi iddynt urddas newydd.

> Dro arall eto pan aeth Iesu i'r synagog, roedd yno ddyn oedd â'i law yn ddiffrwyth. Roedd yna rai yn gwylio Iesu'n ofalus i weld a fyddai'n iacháu'r dyn ar y Saboth. Roedden nhw'n edrych am unrhyw esgus i'w gyhuddo! Dyma Iesu'n galw'r dyn ato, "Tyrd i sefyll yma'n y canol."
> Wedyn dyma Iesu'n gofyn i'r rhai oedd eisiau ei gyhuddo, "Beth mae'r Gyfraith yn ei ddweud sy'n iawn i'w wneud ar y dydd Saboth: pethau da neu bethau drwg? Achub bywyd neu ladd?" Ond wnaeth neb ateb.
> Edrychodd Iesu arnyn nhw bob yn un – roedd yn ddig ac wedi cynhyrfu drwyddo am eu bod mor ystyfnig. Yna dwedodd wrth y dyn, "Estyn dy law allan." Ac wrth i'r dyn wneud hynny cafodd y llaw ei gwella'n llwyr.
> Dyma'r Phariseaid yn mynd allan ar unwaith i drafod gyda chefnogwyr Herod sut allen nhw ladd Iesu.
>
> (Marc 3:1–6; b.n.)

Mae'r adnodau hyn yn codi nifer o gwestiynau ynglŷn â pherthynas Iesu â'r Gyfraith a'i dehonglwyr, ei genhadaeth ei hun, pwy ydyw, a beth yw'r awdurdod sydd ganddo? Yr hyn sy'n amlwg yw ei hyblygrwydd er mwyn cyfarfod ag angen un person! Aiff Iesu y tu hwnt i lythyren y Gyfraith at yr ysbryd sydd y tu cefn iddi, sef hybu daioni uwchlaw drygioni. Fel Iesu ei hun, mae am i ninnau fachu ar bob cyfle i orchfygu drygioni â daioni, i ryddhau ac i ddyrchafu bywyd ac i wneud yn gyfan yr hyn a ddrylliwyd. Mae gwneud yn gyfan yn fwriad teyrnasiad Duw. Cariad yw'r egwyddor sylfaenol ym meddwl ac ym mywyd Iesu, cariad sy'n ei roi ei hunan i eraill yw'r egni sy'n creu'r deyrnas. Daw bywyd Iesu â phersbectif newydd i'n ffydd; mae'n ein gorfodi i fynd y tu hwnt i'r traddodiadol a'r arferol a'r cyfforddus i bwysleisio adfer y person cyfan i fywyd llawn.

Mae'r cynllwynio gyda chefnogwyr Herod hefyd yn arwyddocaol gan mai un rheswm dros groeshoelio Iesu oedd y cyhuddiad ei fod yn tanseilio traddodiadau'r tadau. Cenhadaeth chwyldroadol oedd cenhadaeth Iesu yn herio anghyfiawnder a diorseddu ceidwadaeth, a hynny er mwyn rhyddhau pobl, dyrchafu ac adfer eu bywyd, a rhoi arno werth, urddas a chyfeiriad, beth bynnag yr amgylchiadau. Gan i'w stiwardiaeth ef o gyflwyno newyddion da Duw gostio dioddefaint y groes i Iesu, felly hefyd rhaid i'r stiward ystyried cost dilyn a gwasanaethu'r Arglwydd Iesu a bod yn fendith i bobl eraill lle bynnag y maent. Dioddef 'amarch a gw'radwydd y byd', hyd yn oed erledigaeth neu ddioddefaint. Wrth gyfri'r gost, mae angen sylweddoli, ochr yn ochr â'r fraint, fod yn rhaid wrth ymroddiad diwyro a chostus (Luc 9:61; 14:25). Ac eto, hon yw ffordd y gwirionedd a'r bywyd, ffordd gobaith, ac felly ffordd y dystiolaeth sy'n argyhoeddi, ffordd dyrchafu bywyd.

4. Meddwl Crist: blaenoriaethau'r deyrnas ydyw

Gallwn ddweud bod y Gorchymyn Mawr yn crynhoi holl flaenoriaethau teyrnas Dduw: *"Rwyt i garu'r Arglwydd dy Dduw â'th holl galon, ac â'th holl enaid ac â'th holl feddwl. … Rwyt i garu dy gymydog fel rwyt ti'n dy garu dy hun."*

(Mathew 22:37, 39; b.n.)

Dyma adnod sy'n crynhoi agwedd ac ymddiriedaeth y stiward. Mae pwyslais Iesu yn ddi-feth ar yr ymarferol drwy ddigwyddiad neu ddameg:

> Pan oedd yn y deml, sylwodd Iesu ar y bobl gyfoethog yn rhoi arian yn y blychau casglu at drysorfa'r deml. Yna daeth gwraig weddw dlawd a rhoi dwy geiniog i mewn. "Credwch chi fi," meddai Iesu, "mae'r wraig weddw dlawd yna wedi rhoi mwy yn y blwch na neb arall. Newid mân oedd pawb arall yn ei roi, gan fod ganddyn nhw hen ddigon dros ben; ond yn ei thlodi rhoddodd y wraig yna y cwbl oedd ganddi i fyw arno."

(Luc 21:1–4; b.n.)

Gan fod yn gyson â darlun Luc o Iesu, mae'n ymddiddori yn y distadl a'r disylw. Ni wyddom enw'r wraig ond gwelwn ddiddordeb Iesu ynddi a'i feddwl uchel ohoni oherwydd maint ei chyfraniad a'i theyrngarwch. Stiwardiaeth iddi hi oedd rhoi'r cyfan oedd ganddi, yn debyg i'r wraig â'r blwch alabastr sydd hefyd yn un o gymeriadau Efengyl Luc (Luc 7:36). Pwy ond Iesu fyddai'n rhoi canol y llwyfan i wraig dlawd (dwy ohonynt, yn wir) a'u gweld yn rhoi i ni ddarlun o fywyd y deyrnas? Ni allwn ninnau fod yn stiwardiaid teilwng ac effeithiol heb fod ynom feddwl Crist ac felly flaenoriaethau ei deyrnas. Mae'r rheini yn aml yn her bersonol i bawb ac yn arbennig i'r rhai cyfforddus eu byd yn ein cymunedau mewn oes sydd wedi rhoi cymaint o bwys ar yr unigolyn ac ar 'ddewis'. Wrth feddwl am fyd gwâr, nid oes dewis ond disgyblu ein hunain ym mywyd a blaenoriaethau'r deyrnas. Tasg y stiward felly yw ei feithrin ei hun ym meddwl Crist a thyfu ym mywyd ei deyrnas, sy'n dyrchafu bywyd ac yn creu cymdeithas wâr. Mae'r stiward felly'n gyfrwng sy'n gwareiddio trwy ddod â phobl at Iesu a lledaenu ei ddylanwad.

5. Meddwl Crist – ynom ni y mae

All y stiward ddim anghofio geiriau Iesu mai oddi mewn i ni y mae teyrnas nefoedd. Dangos beth sydd oddi mewn i ni wna ein gweithredoedd, ein meddyliau a'n geiriau. Os stiwardiaid Crist ydym, dylai ei feddwl ef ein meddiannu'n llwyr:

Dylai eich agwedd chi fod yr un fath ag agwedd y Meseia Iesu:

> Roedd e'n rhannu'r un natur â Duw,
> heb angen ceisio gwneud ei hun yn gydradd â Duw;
> ond dewisodd roi ei hun yn llwyr i wasanaethu eraill,
> a gwneud ei hun yn gaethwas,
> a dod aton ni fel person dynol –
> roedd yn amlwg i bawb ei fod yn ddyn.
>
> Yna diraddio ei hun fwy fyth,
> a bod yn ufudd, hyd yn oed i farw –
> ie, drwy gael ei ddienyddio ar y groes.
> (Philipiaid 2:6–7; b.n.)

Mae Paul yn galw ymgysegriad o'r fath yn 'gwacáu' a 'darostwng', a dyna'n wir natur pobl Dduw: eu gwacáu eu hunain oddi wrth yr hunan a chael eu llenwi â meddwl ac ysbryd Iesu, y Crist/Meseia, er mwyn hyrwyddo pwrpas Duw. Nid y 'fi' sydd yn y canol ond 'efe'. Mae Paul yn ein hatgoffa hefyd mai Ysbryd Crist ynom sy'n ein haeddfedu ym meddwl Crist. Ac felly, mae'r ddau air 'meddwl' ac 'ysbryd' yn perthyn yn agos i'w gilydd (1 Corinthiaid 2:1–16). Daw hynny â ni at fywyd defosiynol y stiward: myfyrdod, gweddi ac addoli sy'n ein cadw yn agos ato, yn ein galluogi i ddeall, ildio, ufuddhau a byw yn stiwardiaid cyfrifol. Mae'r deyrnas i ddod i'w llawnder ac mae gennym oll fel stiwardiaid ein cyfraniad i'w hyrwyddo lle bynnag y cawn ein hunain.

Storïau

(1) Meddai Jim Wallis wrth drafod y Gorchymyn Mawr:

Nid oes yma na hunanwadiad afiach nac asetig. Mae'n rhaid i ni ofalu amdanom ein hunain a'n plant, ond gofynnir i ni hefyd ofalu am ein cymdogion fel ni ein hunain a phlant ein cymdogion fel ein plant ni ein hunain. Dyma foeseg fyddai'n trawsffurfio'r byd. Yr oedd i wneud hynny ac y mae wedi gwneud hynny.

Mae'r ddysgeidiaeth fwyaf sylfaenol hon o ffydd yn herio yn wyneb pob ethig hunanol, bersonol a gwleidyddol sy'n rhoi *myfi* bob amser *o flaen* eraill: fy ngofidiau i yn gyntaf, fy hawliau i yn gyntaf, fy rhyddid i yn gyntaf, fy niddordebau i yn gyntaf, fy llwyth i yn gyntaf, hyd yn oed fy ngwlad i yn gyntaf, o flaen pawb arall. Ethig hunan-ddiddordeb yw'r ethig bersonol a gwleidyddol sy'n rheoli ein byd ni heddiw ond y mae teyrnas Dduw yn dal bod yr hyn sydd o bwys i'm cymydog, ei hawliau, ei ddiddordebau, ei ryddid a'i les lawn mor bwysig â'n rhai i.

Mae'r ethig hon yn radical ac yn drawsffurfiol; mae'n hollol hanfodol os ydym am greu bywyd cyhoeddus nad yw'n cael ei reoli'n llwyr gan wrthdaro gwleidyddol ac os ydym am fynegi'n eglur yr hyn allai fod er budd pawb. Efallai, pe baem yn dilyn y ddysgeidiaeth hon, y byddwn yn canfod tir cyffredin rhyngom.

Mae byw'r ethig hon yn hanfodol er mwyn i grefydd ennill unrhyw hygrededd eto. Heb hynny, bydd y genhedlaeth nesaf yn pellhau oddi wrth grefydd.

Holwch y cwestiwn hwn: ai cariad at gymydog yw'r peth amlycaf ddaw i feddwl pobl pan fyddan nhw'n edrych ar ymddygiad ein cymunedau a'n sefydliadau ffydd? Ynteu a ydyn nhw debycach o weld hunan-ddiddordeb a beirniadaeth ar eraill?

Mae crefydd yn gwneud camgymeriad mawr os mai'r osgo cyhoeddus amlycaf a wêl pobl ynddi yw hunan-amddiffyn a hunan-ddiddordeb. Mae hyd yn oed yn waeth pan fo crefydd yn ceisio defnyddio gwleidyddiaeth i wthio'i ffyrdd a'i chredoau neu i ddefnyddio grym cyfraith i reoli ymddygiad pobl eraill. Caiff crefydd fwy o lwyddiant o lawer pan yw'n *arwain* – yn gofalu am anghenion pawb, ac nid y rhai sy'n perthyn i'w chymuned ei hun yn unig, a phan fydd yn dadlau'r achos mwyaf ysbrydoledig a synhwyrol, o fewn democratiaeth blwralistig, dros bolisïau cyhoeddus sy'n fynegiant o'r gwerthoedd sydd wrth galon ffydd ynglŷn â sut y dylem oll drin ein cymdogion.

Mae newyn dwfn, yn enwedig ymhlith cenhedlaeth newydd o bobl ifanc, am foeseg newydd o garu cymydog, yn ein cymdogaethau ac ar draws y byd. Ond pwy fydd yn cynnig arweiniad ar gyfer y foeseg newydd hon, er lles pawb? Os gwna'r gymuned ffydd hynny, bydd pobl yn cael eu denu'n ôl at ffydd; os na wnawn, bydd ein colledion yn parhau nes bydd y mwyafrif yn ymateb i arolygon barn crefyddol gyda 'dim o'r uchod'. Dyma'r safbwynt sy'n tyfu gyflymaf ar hyn o bryd.

Jim Wallis, *On God's Side* (Grand Rapids, 2013) tt. 5–7.

A yw Duw yn galw heddiw?

(2) Canwr roc hynod boblogaidd ers rhai degawdau yw Bono, y Gwyddel o Ddulyn, a'i dad yn Babydd, ei fam yn Brotestant. Cafodd seiliau ei ffydd Gristnogol gadarn o fewn Eglwys Iwerddon. Ond, am ran helaeth o'i oes, bu'n ddrwgdybus o'r Eglwys, efallai oherwydd ei atgof am bregethu moesegol pregethwrol gan anghofio'r tlawd. Gwelai hynny'n rhwystr i fwriadau Duw. Mae'n cyfaddef iddo gadw draw oddi wrth bobl grefyddol. Ond bu'n ystyried cyfraniad Cristnogaeth a'r strwythurau eglwysig mewn taclo newyn, afiechyd a thlodi. Gwêl ei ffydd bersonol ddofn yn Iesu Grist yn sylfaen i'w weithgarwch dyngarol amrywiol ac eang. Sail ei obaith yw'r Bregeth ar y Mynydd; sail ei ysbrydoliaeth yw proffwydi Israel, a chaiff gysur mawr yn y cysyniad o ras anhaeddiannol.

Tystiolaeth Cyfarwyddwr Cynhadledd Genedlaethol yr Efengylwyr yn Washington yw fod Bono bob amser yn barod i gael ei ddefnyddio gan Dduw ym mhob ffordd bosibl. Yn wir, byddai'r byd yn lle llawer gwell pe byddem oll mor awyddus ag ef. Mae Bono, sydd â rhannau helaeth o'r Ysgrythur ar ei gof, am ein gweld yn ceisio amgyffred o'r newydd neges y ffydd yn nhermau'r 21ain ganrif a symud oddi wrth eiriau fel 'cosb' a 'phechod'. Mae'n ceisio partneriaethau newydd ymysg pobl ffydd i hyrwyddo'i genhadaeth o ryddhau pobl o afael caethiwed tlodi, a bod yn amddifad o gynhaliaeth, gofal iechyd ac addysg – yn enwedig yn Affrica. Y rhain, meddai, yw gwahanglwyfion ein dyddiau ni. Mae'n feirniadol o wledydd y Gorllewin am fod yn grintachlyd eu cyfraniadau i Gymorth Tramor.

Myfyrdod

Mae'r Ysgrythurau'n darlunio i ni fwriadau Duw yn Iesu o Nasareth ac yn ein galw, yn wir, yn ein herio i ddod yn gyd-weithwyr i fyw a chyhoeddi'r deyrnas, yn stiwardiaid sy'n creu eu cymuned agored, groesawgar, gynhesol a chynhwysol. Mae'r gymuned hon yn arwydd neu'n rhagflas o'r deyrnas sydd i ddod i'w llawnder. Mae'n symbol o obaith mewn cymunedau a broydd ac ymysg cenhedloedd daear. Mor wirioneddol heriol yw geiriau Iesu am ddilladu'r noeth, bwydo'r newynog, ymgeleddu'r gwan a'r gwael a'r carcharor (Mathew 25:2–7).

Gyda'n gilydd, hybu'r gwaith o greu cymuned o'r fath yw tasg y stiward. Gwelwn fod meddwl Crist yn ein harwain ni i feddwl a gweithredu yn nhermau cariad, cydymdeimlad a thosturi, gweithredu maddeuant, cyfiawnder a chymod, ac felly ddyrchafu bywyd drwy roi iddo urddas a gwerth a'i wneud yn gyfan. I Iesu, nid pechod – ym mha ffurf bynnag y byddwn yn ei weld neu'n ei brofi – yw'r gair allweddol ond maddeuant, cymod, adfer perthynas a dyrchafu bywyd. Dyma hanfod yr efengyl y bu iddo ef ei byw ac y bu farw ar y groes er mwyn ei gwneud yn rymus a phwerus drwy ei atgyfodiad. Mae'n rhaid i ni feithrin a chael ein meithrin yn ei ffordd ef o feddwl er mwyn bod yn stiwardiaid cyfrifol ac effeithiol. Y cwestiwn i'w ofyn felly yw: nid beth a wnâi Crist pe bai yma nawr ond yn hytrach beth y mae am i ni ei wneud, oherwydd y mae yma nawr ynom a thrwom ni.

Allweddol felly yw gofyn sut y gallwn aeddfedu ym meddwl Crist. Ym mywyd eglwys y gwnawn hynny ac mae'r ffynhonnau'n niferus. Nodwn rai ohonynt:

myfyrio yn yr Ysgrythurau i'n bwydo ein hunain ym meddwl, bwriadau a ffyrdd yr Arglwydd. Gweddi sy'n gofyn ein bod yn gwerthfawrogi'r tawelwch gyda'r Arglwydd, yn disgwyl wrtho, yn gwrando'i gyffyrddiad. Down i'r addoliad yn gyson gyda'n cyd-stiwardiaid i ymdeimlo â mawredd a chyffro, disgwyliadau a gweithgarwch y Duw Byw. Ac, wrth gwrs, y sacramentau: y bedydd yn ein hymrwymo i'r cyfamod newydd, a'r Cymun Sanctaidd yn ein dwyn i gymdeithas y Drindod Sanctaidd. Dyma gynhaliaeth y stiward, gan gofio geiriau'r Iesu mai 'gwneud ewyllys fy Nhad' yw ein bwyd a'n diod (Ioan 4:34). A chofiwn am y gwneud 'i un o'r rhai lleiaf pwysig' (Mathew 25:40).

Pwysleisiwn felly fyfyrdod, gweddi ac addoli fel cyfryngau adnabod meddwl Crist. Rhônt gyfle i egni bywiol ein Tad i weithio arnom a thrwom. Rhaid i ni beidio anghofio bod yr holl adnoddau hyn yn adnoddau cynhaliol ac felly rhaid mentro a gweithredu, a does dim fel mesur o lwyddiant hefyd i'n hysgogi. Ond ni allwn anghofio cost ymateb yn gadarnhaol iddo: "Os myn neb ddod ar fy ôl i, rhaid iddo ymwadu ag ef ei hun a chodi ei groes bob dydd a'm canlyn i" (Luc 9:23; BCN). Ac, wrth gwrs, mae bod yn atebol i'n Harglwydd yn golygu ein bod yn dyfalbarhau i wneud ei waith yn wyneb pob anhawster, gan dyfu ac aeddfedu'n gyson wrth fod yn ei wasanaeth. Ar y pwynt hwn mae'n werth myfyrio ar her y geiriau i Jeremeia, 'Proffwyd Gofidiau', ym mhennod 12:5:

> "Os ydy rhedeg ras gyda dynion yn dy flino di,
> sut wyt ti'n mynd i fedru cystadlu gyda cheffylau?
> Os wyt ti'n baglu ar y tir agored,
> beth am yn y goedwig wyllt ar lan yr Iorddonen?" (b.n.)

Trafodaeth

1. 'Gwastraffu amser a wnawn yn gwarchod patrymau a strwythurau ddoe a'r rheini'n darfod. Byw cariad Crist a'i rannu lle rydym heddiw yw'r dasg.' Ai gwir hynny?

2. Pa mor benderfynol ydym yn ein disgyblu ein hunain ym meddwl a ffordd Crist?

3. A yw ein myfyrdod, ein gweddïau a'n haddoliad yn dyfnhau ein hymwybyddiaeth o feddwl Crist ac yn ysgogi stiwardiaeth dda?

4.   Rhannwch â'r grŵp stori sy'n darlunio i chi'r gost o ddilyn meddwl
        Crist.

Gweddi

Diolchwn i ti, Arglwydd,
dy fod yn parhau i ddatguddio dy feddyliau i'th weision
nid am fod ynddynt rinweddau neilltuol
ond oherwydd dy ddymuniad grasol ac angerddol i feithrin pobl
sy'n amlygu i'r byd dy fwriadau grasol ym mhob oes a lle.

Bydded i Ti, drwy dy egni grymus, barhau i'n gwefreiddio
a'n cyfareddu yn Iesu o Nasareth, Arglwydd a Gwaredwr.

Felly y byddwn ni ynddo Ef,
yn stiwardiaid cyfrifol ac effeithiol o'th deyrnasiad di. Amen.

Emyn 567: 'Anadla, anadl Iôr'

PENNOD 3

Gwasanaethu'r Duw Byw: Y Bywyd Cyhoeddus

Pwrpas y bennod hon yw ystyried ein stiwardiaeth o fewn bywyd cyhoeddus y byd. (Am ddatblygiadau pellach ar newid hinsawdd, gweler yr adroddiadau ar wefannau COP26 a COP27)

Defosiwn

Emyn 101: 'Arglwydd mawr y cyfrinachau'

Gwrando ar gerddoriaeth – 'Y Gwanwyn' (o'r *Pedwar Tymor*, Vivaldi) gan nodi bywiogrwydd, cyfoeth a llawnder ei ddarluniau o fywyd.

Y grŵp i gydadrodd Emyn 4:

> Mae'r nefoedd faith uwchben
> yn datgan mawredd Duw,
> mae'r haul a'r lloer a'r sêr i gyd
> yn dweud mai rhyfedd yw.

Darllen Salm 24 am yn ail.

Arweinydd:	Eiddo'r Arglwydd yw'r ddaear a'i llawnder, y byd a'r rhai sy'n byw ynddo;
Pawb:	**oherwydd ef a'i sylfaenodd ar y moroedd a'i sefydlu ar yr afonydd.**
Arweinydd:	Pwy a esgyn i fynydd yr Arglwydd a phwy a saif yn ei le sanctaidd?
Pawb:	**Y glân ei ddwylo a'r pur o galon, yr un sydd heb osod ei feddwl ar dwyll a heb dyngu'n gelwyddog.**
Arweinydd:	Fe dderbyn fendith gan yr Arglwydd a chyfiawnder gan Dduw ei iachawdwriaeth
Pawb:	**Dyma'r genhedlaeth sy'n ei geisio, sy'n ceisio wyneb Duw Jacob.**

Darlleniad: Salm 104:1–25

Gweddi

Diolch i ti, Arglwydd Dduw y crëwr, am gael byw heddiw mewn oes sydd yn ein galluogi i ryfeddu fwyfwy at ehangder, harddwch a rhyfeddod dy greadigaeth. Mae gwaith dy ddwylo y tu hwnt i'n dirnadaeth ac eto mor agos atom mewn cyfoeth o amrywiaeth bywyd a lliwiau'n cydblethu i'w gilydd. Wrth i ni ddod yn fwy ymwybodol o'r bygythiad i fywyd y blaned hon, dwg ni i edifeirwch am i ni gamddefnyddio'th greadigaeth er mwyn porthi trachwant a hunanoldeb ar draul ei diogelu a'i sicrhau i'r cenedlaethau sydd i ddod. Agor i ni nawr yr Ysgrythurau, a dwg ni i'th garu fwyfwy drwy barchu a gwarchod dy greadigaeth. Amen.

Cyflwyniad

Mor aml y dyddiau hyn y clywn am y newid sydd yn yr hinsawdd a'r ffordd y mae hynny'n effeithio ar fywyd ein planed, gan gynnwys ein bywyd ni. Ar un adeg tybid bod pwerau naturiol, megis gogwydd y blaned at yr haul, yn cyfrannu at y poethi hwn. Ond o ganlyniad i astudiaethau ar systemau hinsawdd mae cryn gytundeb bellach ymhlith gwyddonwyr mai gweithgarwch dynol sy'n cyfrannu helaethaf at y newid.

- Clywn am ddiwydiant a thrafnidiaeth, ceir, lorïau ac awyrennau yn rhyddhau nwyon megis carbon deuocsid gan halogi'r aer, niweidio iechyd a chreu math ar gwrlid sy'n rhwystro'r gwres a gynhyrchir gan belydrau'r haul rhag dianc yn ôl i'r atmosffer ac felly'n cyfrannu at gynhesu'r byd.
- Clywn am ddinistrio coedwigoedd, yn enwedig y fforestydd glaw, gan amharu ar gydbwysedd amgylcheddol y blaned. Mae Fforestydd Glaw'r Amason yn cynhyrchu 20% o ocsigen y blaned ac wrth ddinistrio'r coedwigoedd cynhyrchir 30% o'i charbon deuocsid.
- Mae dinistrio'r coedwigoedd yn difa llwythau cynhenid, anifeiliaid ac adar a phlanhigion, rhai ohonynt o werth meddygol hynod. Collir 137 math o lysiau, anifeiliaid a phryfetach bob dydd, a chollir 1.5 acer o goedwig bob eiliad.
- Mae'r uchod yn darlunio chwalu cylch cyfanrwydd bywyd sy'n cyplysu'r ddynoliaeth â gweddill y greadigaeth. Y canlyniad yw fod

y gwannaf yn y cylch yn dioddef – y tlawd, merched a phlant, er enghraifft – ac yn wir y greadigaeth ei hun yn sgil y defnydd o wrtaith a chemegau. Rhaid peidio anghofio bod goblygiadau i'r dyfodol wrth ystyried cyfiawnder rhwng cenedlaethau (*intergenerational justice*) ac y bydd y canlyniadau felly'n effeithio ar bawb ohonom maes o law.

- Clywn hefyd am effaith ddinistriol plastig ar ein hamgylchfyd, gan gynnwys y moroedd a'r pysgod sydd o'u mewn.

Mae'r canlyniadau'n fygythiol ac yn ddinistriol gan fod y newid yn yr hinsawdd yn cyfrannu at ddigwyddiadau cyfredol, er enghraifft:

- Dinistriwyd ynysoedd y Caribî a de-ddwyrain America gan dri chorwynt grymus ym mis Hydref 2017;
- Yn y blynyddoedd diwethaf hyn gwelwyd stormydd, llifogydd a dinistr anarferol a chynyddol ar Ynysoedd Prydain;
- Bygythir dinasoedd, ynysoedd a thiroedd isel ledled y byd, er enghraifft Ynysoedd y Môr Tawel, Bangladesh;
- Y cymunedau tlotaf sy'n dioddef fwyaf am eu bod mor agored a diamddiffyn;
- Wrth i'r tymheredd godi ac i'r copaon rhew yn yr Arctig ddadmer mae lefelau'r môr yn codi. Caiff yr Arth Gwyn ei amddifadu o fwyd ac yn 2017 bu farw cywion cornicyll y dŵr neu'r pâl o ddiffyg bwyd. Yn 2009 tybiwyd na allem fforddio gadael i'r tymheredd godi mwy na 2 °C uwchlaw'r tymheredd a fodolai cyn inni ddechrau defnyddio glo. Bellach mae sôn am ddyblu hynny, ac felly am gynnydd o 4 °C (7.2 °F). Yn ôl Banc y Byd, 'byddai hynny'n gwneud y rhagolygon am gymdeithas fyd-eang, drefnus, gyfiawn a gŵar' bron ym amhosibl. Anodd yw mesur dylanwad rhyddhau carbon deuocsid i'r atmosffer gan fod oedi anochel rhwng y rhyddhau a'r canlyniad;
- Mae dinasoedd fel Cape Town, De Affrica, yn ogystal â deg dinas arall yn brin o ddŵr glân erbyn heddiw.

Mater o bwys i ni fel Cristnogion yw'r defnydd a wnawn fel dynoliaeth o adnoddau byd Duw. Gwyddom fod canran uchel iawn o gyfoeth y byd ym meddiant canran fechan o'r boblogaeth. Yn ôl y Global Development Forum, ar drothwy'r mileniwm roedd 3 biliwn o boblogaeth y byd yn byw ar lai na 2 ddoler y dydd ac 1.3 biliwn ar lai nag 1 doler y dydd, a'r 225 person cyfoethocaf yn y byd yn gyfwerth ag incwm blynyddol 2.5 biliwn o'r bobl dlotaf. Gwyddom mai lleiafrif sy'n mwynhau cyfleusterau angenrheidiol bywyd megis dŵr glân, bwyd, gofal iechyd ac addysg – anghenion yr ydym ni'n eu cymryd mor ganiataol. Y gwledydd tlawd yw dioddefwyr pennaf canlyniadau llygredd y gwledydd sydd wedi datblygu a'u cyfoeth. Ond nid yn y gwledydd hyn yn unig y mae amddifadedd. Yn Ynysoedd Prydain gwyddom, yn ôl ymchwil Ymddiriedolaeth Rowntree yn 2017, fod 14 miliwn (mwy nag un o bob pump) o'r boblogaeth yn byw mewn tlodi, 4 miliwn yn blant, 8 miliwn yn oedolion oed gwaith. Mae can miliwn o bobl Gogledd America, Ewrop, Japan ac Awstralia yn byw mewn tlodi a chynifer â 30 miliwn ohonynt yn ddigartref. Mae'r pegynau rhwng tlodi ac amddifadedd eithafol a chyfoeth anhygoel yn ehangu ac yn bygwth gwareiddiad, yn enwedig pan ddown â'r fasnach arfau a rhyfeloedd a gwrthryfeloedd i'r darlun.

Gwelwn felly fod yma gwestiwn o gyfiawnder – tuag at y greadigaeth a thuag at ein cyd-ddynion, yn arbennig y diamddiffyn a'r diymgeledd. Dyma faterion sy'n ymwneud â grym ac awdurdod ac ewyllys foesol. Tuedd cyfoeth yw ennill mwy o gyfoeth gan ddisgwyl safonau byw cynyddol uwch ac felly feithrin meddylfryd amddiffynnol sy'n cau allan ystyriaeth o'r difreintiedig, y tlawd a'r diymgeledd. Trachwant yw'r gair sy'n disgrifio cynnydd diymarbed, dilyffethair. Dyma sefyllfa sy'n rhoi ystyr cyfoes i neges proffwydi fel Amos, Hoseia, Eseia a Micha, a chynnwys cyfoes i'r gair 'pechod'.

Neges y Beibl

1. Ymddiriedaeth

Sonia adnodau cyntaf llyfr Genesis am Dduw, y crëwr, yn ymhyfrydu yng ngwaith ei ddwylo ac yn ymddiried ei greadigaeth i ddynoliaeth:

> "Gadewch i ni wneud pobl yn ddelw ohonon ni'n hunain, i fod yn debyg i ni; i fod yn feistri sy'n gofalu am bopeth – y pysgod yn y môr, yr adar yn yr awyr, yr anifeiliaid, y ddaear gyfan a'r holl greaduriaid a phryfed sy'n byw arni."
> (Genesis 1:26; b.n.)

Defnyddia'r Beibl Cymraeg Newydd y gair 'llywodraethu' o'i gymharu â 'gofalu' yn beibl.net ('arglwyddiaethu' yw'r hen gyfieithiad), a thros y blynyddoedd fe'i defnyddiwyd i gyfiawnhau ecsbloetio adnoddau'r greadigaeth i fodloni chwantau dynol a'u syniadau am 'ddatblygu' diwydiannol ac ati. Methwyd dirnad mai ymddiried ynom a wna Duw i warchod neu ddiogelu ei greadigaeth, er mwyn sicrhau ei les – pob rhywogaeth o fywyd – yn y presennol ac i'r dyfodol. Cynrychiolydd Duw neu reolwr Duw yw'r stiward, i ddiogelu ei fuddiannau. Stiwardiaid ydym, yn atebol iddo am ein gwarchodaeth dros ei greadigaeth – i'w diogelu hi a'r bywyd sydd arni yn y presennol a'r dyfodol. Yr un pryd dylem wneud yn siŵr bod ei hadnoddau ar gael i ddiogelu ansawdd bywyd ei holl bobl, ei anifeiliaid a'i lysiau.

2. Goruchwyliaeth

Gofynnodd y Salmydd:

> Beth ydy pobl i ti boeni amdanyn nhw?
> Pam cymryd sylw o un person dynol?
> Rwyt wedi'i wneud ond ychydig is na'r bodau nefol,
> ac wedi'i goroni ag ysblander a mawredd!
> Rwyt wedi'i wneud yn feistr ar waith dy ddwylo,
> a gosod popeth dan ei awdurdod.
>
> (Salm 8:4–6; b.n.)

Salm o fawl i Dduw am ehangder maith y greadigaeth a rhyfeddod y Crëwr yw hon. Rhan o'r rhyfeddod yw'r 'awdurdod' a roddir i bobl. Er mai dinod ydynt, eto maent yn wrthrych ei gariad, a chyfrifoldeb ganddynt dros waith ei ddwylo. Gair arall a ddefnyddir yw fod Duw yn rhoi 'comisiwn' i bobl i reoli gwaith ei ddwylo. Comisiwn ydyw i warchod buddiannau'r Crëwr a'r greadigaeth, ac nid hawl i ecsbloetio na dinistrio'r systemau sy'n sylfaen bywyd. Yr un adnod o fawl i Dduw sy'n agor ac yn cau Salm 8: 'O Arglwydd, ein Iôr, mor ardderchog yw dy enw ar yr holl ddaear' (BCN). Felly, cyd-destun moliant sy'n diffinio'r ddynoliaeth a'r awdurdod a roddir dros waith dwylo'r Crëwr. Mae'n rhaid i'n goruchwyliaeth, o'i gwneud yn deilwng a chywir, fod yn fawl i Dduw. O gofio mai Iesu Grist yw'r patrwm o wir stiward, fe gofiwn iddo yntau hefyd ddehongli ei rôl fel gwasanaeth ac ufudd-dod (cyfeiria Paul at hynny yn Philipiaid 2:2–5). Dysgwn felly fod ein stiwardiaeth o'r greadigaeth i'w harfer yn gyson â phob agwedd arall o'n byw, sef rhoi clod i Dduw a bod o fudd neu wasanaeth i bawb. Dyma felly ffurfio ein meddwl a'n hagwedd tuag at greadigaeth Duw. Mae elfen foesol sy'n cynnwys gwarchod a diogelu ein cyd-greaduriaid yn rhan o'n stiwardiaeth Gristnogol.

Dywed Iesu wrthym am ofal Duw ei hun am adar a blodau ac ati, a daw ei eiriau'n anogaeth i ninnau gan fod gwarchod byd Duw yn rhan annatod o'n ffydd ynddo (Mathew 6:26). Aiff Paul ymhellach drwy sôn fod bwriadau Duw i achub bywyd nid yn ein cynnwys ni, bobl, yn unig, ond 'dwyn yr holl greadigaeth i undod yng Nghrist, gan gynnwys pob peth yn y nefoedd ac ar y ddaear' (Effesiaid 1:10; BCN).

3. Cyfanrwydd bywyd

Mae'r dyfyniad uchod o'r llythyr at yr Effesiaid yn ein hatgoffa ein bod yn rhan o gyfanwaith creadigaeth Duw – 'rhwydwaith dirgel Duw' y soniodd Waldo Williams amdano. Ni allwn sôn am waredigaeth bersonol yn unig gan ein bod yn rhan o rwydwaith ehangach holl ymwneud Duw â'i greadigaeth ac nid cyfan mohonom ni heb berthynas o harmoni (tangnefedd) â'n gilydd fel teulu dynol ac â'r greadigaeth yr ydym yn rhan ohoni. Mae'n rhaid i'r harmoni hwnnw dreiddio i bob cylch o'n bywyd – diwylliannol, cymdeithasol, economaidd a gwleidyddol. Mae hyn o reidrwydd yn cynnwys pynciau megis cyfoeth a thlodi, newyn ac amddifadedd, addysg ac ysbrydoledd. Sylfaen y cyfan yw ein perthynas â'n Tad, a ddaeth i'n byd i'n dwyn i deyrnas harmoni yn Iesu Grist (gw. Effesiaid 1:1–13). Mae Paul yn ein hatgoffa bod cyfanrwydd bywyd yn cynnwys rhyddhau'r holl greadigaeth i'w llawnder:

> Ydy, mae'r greadigaeth i gyd yn edrych ymlaen yn frwd at y dydd pan fydd Duw yn dangos pwy sy'n blant iddo go iawn. Roedd y greadigaeth wedi cael ei chondemnio i wagedd (dim ei dewis hi oedd hynny – cafodd ei orfodi arni). Ond mae gobaith i edrych ymlaen ato, mae'r greadigaeth hefyd yn mynd i gael ei gollwng yn rhydd! Fydd hi ddim yn gaeth i lygredd ddim mwy. Bydd yn rhannu'r rhyddid bendigedig fydd Duw'n ei roi i'w blant
> Dŷn ni'n gwybod fod y greadigaeth gyfan yn griddfan fel gwraig sydd mewn poen wrth eni plentyn.
> (Rhufeiniaid 8:19–22; b.n.)

Mae'r sôn am gaethiwed a dioddefaint y greadigaeth yn mynd â ni'n ôl i Genesis ac at y dioddef cyffredinol wedi trychineb gardd Eden a'r anufudd-dod a bortreadir yno. Neges Paul yma yw fod yr etifeddiaeth honno bellach yn dod i ben yng Nghrist. Mae trefn newydd o gytgord ar wawrio, nid yn unig i unigolion neu'r ddynoliaeth ond i'r greadigaeth gyfan. Mae bwriadau

Duw yn adfer a gwneud yn gyfan fywydau a ddrylliwyd yn ehangach nag unigolion a dynoliaeth. Rydyn ni fel stiwardiaid Crist yn rhan o weithgarwch cyffrous y Duw Byw yn adnewyddu ei greadigaeth gyfan.

Dyletswydd y stiward felly yw herio popeth sy'n caethiwo a gormesu byd a bywyd – annhegwch, anghyfiawnder neu gam-drin – er mwyn eu rhyddhau i gyfleoedd newydd a chydio yn y bywyd llawn sy'n fwriad Duw yng Nghrist ar gyfer dynoliaeth a byd cyfan. Ond mae cost, fel y dengys dioddefaint Iesu, wrth herio statws neu foethusrwydd i leiafrif yn unig. Ni all creadigaeth Duw gyrraedd ei llawnder wrth gael ei cham-drin na tra bydd strwythurau economaidd a diwylliannol anghyfiawn yn gormesu a chaethiwo gan grebachu a diraddio bywyd.

Wrth gwrs, mae dyfodol bywyd yn ein dwylo ni, y ddynoliaeth. Cwestiwn pellach i'w ofyn ydyw: beth sy'n ein gwneud 'ni' yn 'ni', pa weledigaeth sydd gennym o'n dyfodol, beth yw'r ysfa sy'n ein gyrru? Os mai cynnydd a datblygiad dilyffethair yw'r tân, prin y gallwn sôn am warchod creadigaeth na diogelu hawliau cymunedau na phobl dlawd. Mae gwarchod y greadigaeth yn codi cwestiynau am ein holl 'systemau dynol'. Ai er mwyn pawb neu'r ychydig y maent? A ydynt yn diogelu holl greadigaeth Duw? Yng ngeiriau'r diwinydd cyfoes Jürgen Moltmann, wrth drafod ein hargyfwng ecolegol, 'Nid oes dewis gennym ond cynnwys argyfwng y system gyfan a'r is-systemau, o golli coedwigoedd i ledaeniad niwrosis, o lygru moroedd ac afonydd i'r teimladau nihilistaidd sy'n meddiannu cynifer yn ein dinasoedd mawr.'

Neges Cristnogaeth yw nad oes dyfodol i ni fel dynoliaeth heb berthynas iach â'r Crëwr, heb berthynas iach â'n gilydd ac â'i greadigaeth. Dyna pa mor sylfaenol bwysig yw gwedd ysbrydol ein ffydd yng Nghrist: mae'n ein clymu â'n Tad ac â'n gilydd ac â'r greadigaeth Felly, rhaid meddwl yn nhermau creu cymuned fyd-eang ar sail cariad a chymod, a rhaglen ecolegol ac economaidd sy'n gynaliadwy ac sy'n diogelu anghenion pawb. Golyga hyn herio llawer o seiliau economaidd a chymdeithasol ein dyddiau ni sy'n caniatáu digartrefedd a'r angen am fanciau bwyd, a sicrhau systemau rhyngwladol fydd yn dileu newyn a thlodi fel a welwyd ar ddiwedd ail ddegawd yr unfed ganrif ar hugain yn y Swdan ac Yemen ac ati.

Y cwestiwn heriol yw faint o awydd ac ewyllys gwleidyddol sydd am ddyfodol mwy diogel a theg. Mae lle i gydweithio ar agenda gyffredin gyda chrefyddau eraill. Ond i ni, Gristnogion, mae adfer i Gristnogaeth alwad ei sylfaenydd i wasanaethu ac nid i arglwyddiaethu yn allweddol bwysig. Dangos y ffordd i ddyfodol teyrnas y bywyd llawn i'r holl greadigaeth a wna bywyd y stiward Cristnogol. Cofiwn eiriau Iesu ei hun, 'Myfi yw goleuni'r byd', a rhai Pedr wrth drafod adferiad claf: 'Fe ydy'r unig un sy'n achub! Does neb arall yn unman sy'n gallu achub pobl' (Actau 4:12;b.n.). Ai dyma'r ysbryd a'r ffordd i daclo holl gwestiwn terfysgaeth?

Storïau o'r Philipinas

Mae dau o bartneriaid Cymorth Cristnogol yn gweithio gyda chymuned ar ynys anghysbell Bat-os, cymuned sy'n fregus oherwydd effeithiau corwyntoedd (tuag ugain) sy'n ei tharo bob blwyddyn. Mae partneriaid Cymorth Cristnogol wedi bod yn gweithio gyda nhw i ailadeiladu cartrefi sy'n gallu gwrthsefyll gwyntoedd cryfion, ond rydym hefyd wedi bod yn eu cefnogi i daclo un o'u prif broblemau, sef tlodi ynni.

Mae Sussett Enlova yn byw ar ynys Bat-os. Dinistriwyd ei chartref gan Gorwynt Hayian yn 2013 ond mae hi bellach yn byw mewn tŷ newydd a adeiladwyd gyda chymorth ICODE, partner Cymorth Cristnogol. Wedi i gorwynt Hayian daro'r ynys gweithiodd Sussett gydag ICODE i arolygu'r gwaith adeiladu. Roedd hi'n cynrychioli'r gymuned wrth drafod â chontractwyr a sicrhau bod yr adnoddau'n cyrraedd yn brydlon a bod y gwaith o ansawdd uchel.

Mae cartref newydd Sussett yn cynnwys pecyn ynni solar i oleuo, awyru a phweru ffonau symudol. Darparwyd y pecyn ynni gan ICSC, un arall o bartneriaid Cymorth Cristnogol, ac mae'r teulu'n talu amdano bob mis. Ymhen dwy flynedd byddant wedi gorffen talu amdano, a bydd ganddynt gyflenwad ynni am ddim – gan arbed y costau yr oeddent yn arfer eu hwynebu wrth ddibynnu ar gerosin. Does dim cyflenwad trydan na rhwydwaith grid ar yr ynysoedd, fel sydd gennym ni.

Mae Sussett hefyd yn aelod o CoMSCA, y grŵp cynilo cymunedol a sefydlwyd gan ICODE, ac mae hi wedi defnyddio'i chynilion i ehangu ei chartref:

> Mae'r ynni solar wedi bod yn help mawr i ni. Cynt roeddem yn dibynnu ar gerosin i oleuo'r tŷ ac roeddem yn gorfod gorffen gweithio gyda'r nos gan nad oeddem yn gallu fforddio prynu'r cerosin. Roeddem yn bwyta ein bwyd, ein swper, yn gynnar cyn i'r haul fachlud. Doedd y plant ddim yn gallu gwneud eu gwaith gyda'r nos. Nawr bod gennym ynni solar, gallwn weithio llawer o bethau ac mae'r plant yn gallu

gwneud eu gwaith cartref. Mae wedi bod yn help mawr – yn enwedig pan gefais y babi; roedd gen i olau ac roedd hynny'n help mawr wrth ofalu amdano, a'i fwydo yn y nos.

Cawsom ddewis pa liw i baentio'r tŷ, a dyma ni'n dewis lliw glas golau – lliw'r awyr – ac mae'r un lliw â'r capel.

* * *   * * *

Ar Ynys Bayas sefydlwyd Canolfan Ynni, a Delbert, gŵr a hyfforddwyd yng Ngholeg Polytechnig Gwladol Estancia, gogledd Iloilo, a'i cynlluniodd. Mae'r ganolfan yn darparu ynni haul ar gyfer y pysgotwyr i bweru batris eu cychod, ac yn ogystal yn cynnig lle i bobl bweru eu ffonau symudol a'u radio. Cyn iddynt gael yr adnodd lleol hwn roedd y pysgotwyr yn gorfod teithio i'r tir mawr i bweru eu batris ac yn talu'n ddrud am wneud hynny.

Mae'r ganolfan ynni'n creu incwm i bobl yr ynys gan fod pawb yn talu swm bychan am ddefnyddio'r cyfleusterau. Yn ogystal â'r ganolfan ynni, rhoddodd ICODE gwch i gymuned Bayas i arolygu'r arfordir, cwch pysgota i gynnal eu bywoliaeth, a gorsaf sy'n arnofio lle mae'r gwylwyr yn cadw llygad agored am bysgotwyr anghyfreithlon.

Mae Delbert hefyd yn rhedeg caffi rhyngrwyd ar yr ynys lle mae'r plant yn gallu defnyddio cyfrifiaduron a llungopïwr i wneud eu gwaith, ac ef yw asiant CoMSCA (y clwb cynilo). Meddai, 'Mae newid mawr wedi bod i bobl Bayas. Mae pawb yn deall pa mor bwysig yw ynni solar ... Mae'n boblogaidd iawn achos mae'n llawer rhatach ac nid yw'n peri niwed i'r amgylchedd. Mae ynni solar wedi bod yn gymorth mawr i'r pysgotwyr i wella eu bywoliaeth.'
(Gyda diolch i Anna Jane Evans o Gymorth Cristnogol)

Myfyrdod

Mae'n amlwg oddi wrth ein Hysgrythurau fod heriau pell eu cyrhaeddiad ynghlwm wrth ddewis dilyn Iesu. Mae'r rhain yn ymwneud â thaclo cwestiynau dwys dynoliaeth yn ein dydd er mwyn hyrwyddo teyrnasiad Duw yn ei fyd:

- diogelu'r greadigaeth;
- rhannu adnoddau er budd a lles pawb;

- gweithio i ddileu tlodi ac amddifadedd;
- herio strwythurau anghyfiawn;
- creu cymdeithas o gariad sy'n dyrchafu bywyd a theimlad o berthyn;
- ymestyn mewn cariad a gwasanaeth ar draws pob ffin sy'n rhwystr, gan gynnwys rhagfarnau tuag at grefyddau eraill neu agweddau gwleidyddol negyddol.

Dywedodd Gwenallt wrthym: 'Ti a roddaist ddyn yn stiward ar dy stad', ac mae Eirian Davies yn gwasgu atom her anochel y sefyllfa sy'n bodoli yn ei eiriau, 'Daeth Chernobyl i lethrau Cymru / Ac i gaeau'r Hafod'. Nid rhywbeth pell, digyswllt â ni serch pellter daearyddiaeth ac amser bellach ydy Chernobyl. Mae dinistr amgylcheddol posibl wrth ein drws; mae dioddef tlodi ac amddifadedd wrth ein drws, a'r cyfan yn effeithio arnom bob un, heb sôn am yr effaith a gaiff dinistr arfau a rhyfel arnom.

Wrth gwrs, mae adnoddau'r greadigaeth yna i ni eu harneisio i ddyrchafu bywyd. O gofio mai Duw yw'r crëwr, y cyfarchwn ef fel 'Ein Tad' wrth weddïo, mae'n rhaid i'n stiwardiaeth fod o fewn cwmpas addoli. Dyna fydd yn ein cadw'n fyw i fwriadau Duw ac i anghenion eraill – yn ostyngedig ac yn wasanaethgar, nid yn gul na hunan-ganolog. Y nod yw meddwl a chynllunio'n fyd-eang er lles y ddynoliaeth gyfan, diddymu tlodi a dyrchafu bywyd, a defnyddio'r adnoddau a ymddiriedwyd i ni er lles holl blant Duw ac er mawl iddo ef. Galwodd Hans Küng, diwinydd arall o'n dyddiau ni, am feddylfryd o'r fath rai degawdau'n ôl yn ei gyfrol *Global Responsibility*, sy'n dwyn yr is-deitl arwyddocaol, *In Search of a New World Ethic*. Yn wyneb bwletinau newyddion y dyddiau hyn a'r sôn am eithafiaeth grefyddol, heriau gwleidyddol, materion cyfoeth a thlodi, mae ei neges yn broffwydol ac yn ingol berthnasol i ddisgyblion Iesu Grist. Mae'n wir yn agenda i stiward Crist.

Teg hefyd yw cofio geiriau David Jenkins, cyn-Esgob Durham, 'The earth is, in some serious sense, a promising gift to be shared, rather than an inert source of material to be exploited and consumed.' Cofiwn hefyd her Claus Westermann, ysgolhaig ac arbenigwr ar yr Hen Destament, 'When the theology and the preaching of the church are concerned only with salvation, when God's dealing with man is limited to the forgiveness of sins or to justification, the necessary consequence is that it is only in this context that man has to deal with God and God with man.' Mae meddwl, ystyried a gweithredu ar y pynciau hyn yn hanfodol bwysig os yw'r Eglwys Gristnogol o ddifrif ynghylch gweddïo 'Deled dy deyrnas, ar y ddaear fel yn y nef'.

Oherwydd mae amddiffyn yr amgylchedd, hyrwyddo rhannu adnoddau byd Duw er budd pawb, hybu cyfiawnder a heddwch, rhoi urddas ar fywyd pob un a diogelu'r dyfodol i'n plant a'u plant yn gyson â galwad Duw drwy'r Beibl, ac yn arbennig felly yn neges Iesu Grist.

Ond sut ydym yn ymateb? Gwadu bodolaeth y bygythiad i'w cynnydd a'u moethusrwydd a wna rhai, yn enwedig y llewyrchus a'r bras eu byd. I eraill, mae'r problemau'n ddwys ond yn rhai y bydd yn rhaid eu hystyried rywdro eto pan ddaw'r argyfyngau i wasgu arnom. Gallwn hefyd deimlo bod y problemau mor fawr bellach fel na allwn ni wneud dim fydd yn effeithiol: daw siniciaeth neu dynghediaeth ac felly ddifrawder i'r golwg. Bydd eraill am osod pwyslais ar baratoi at fyd a ddaw, ac anwybyddu problemau'r ddaear hon – ond anodd gweld y sail Feiblaidd dros hynny.

Mae dau fater o frys. Mae clamp o eliffant yn ein hystafell fyw sy'n bygwth yn awr; mae arwyddion y bydd yn tyfu'n fwy ac yn meddiannu'r holl ystafell, fel y dangosodd corwyntoedd a stormydd diweddar. Dinistr a gwae yw'r canlyniad i niferoedd cynyddol, ac i bawb o bosibl. Yn ail, ac yn bwysicach i ni, yw fod Duw, ein crëwr, ein cynhaliwr a'n gwaredwr yn Iesu yn ein galw i fod yn stiwardiaid disgybledig, cyson ac effeithiol. Soniai'r Iesu am deyrnasiad Duw, gan ddweud ei fod wedi'i sylfaenu ar gariad sy'n ei roi ei hun i eraill. Dyma yw sylfaen bywyd ym mhob lle ac oes; y mae felly obaith. A'r ymateb i'r argyfwng felly yw: gwnawn yr hyn a allwn yn frwd ym mhob cylch ar fywyd er mwyn y blaned a'i phobl, ein plant a'u cenhedlaeth, ac er mwyn Duw, awdur a pherchennog y greadigaeth.

Fel goruchwylwyr creadigaeth Duw felly, estynnwn ei deyrnasiad drwy warchod ei greadigaeth ac adfer cydbwysedd holl systemau bywyd drwy ddefnyddio'i hadnoddau'n gyfrifol, rhannu cyfoeth i oresgyn tlodi a sicrhau urddas bywyd i bawb. Mae gennym gyfrifoldeb iddo ef ac i'r rhai a fydd yn ein dilyn ar y blaned hon. Y nod yw sicrhau datblygiad cynaliadwy a gall hynny olygu ymwrthod â'r pwyslais ar gynnydd diddiwedd a thrachwantus. Gallwn oll hyrwyddo'r argyhoeddiad o berthyn i un byd a hwnnw'n fyd y Crëwr y daethom i'w adnabod yn Iesu o Nasareth, yr hwn a alwn yn Arglwydd ac yn Waredwr, trwy wneud y canlynol:

- meithrin ffordd y stiward o feddwl a gwasanaethu, beth bynnag fo'n dawn. Cofiwn fod arnom angen rhai i greu cyfoeth i'w rannu;
- lleihau gwastraff, cefnogi ailgylchu er mwyn arbed adnoddau

cynhenid y greadigaeth, megis coedwigoedd;

- lleihau ein defnydd o garbon drwy reoli ein defnydd o ynni, boed yn drydan, yn betrol neu'n ddisel;
- cefnogi mudiadau sy'n brwydro i ddiogelu'r greadigaeth;
- dangos haelioni tuag at fudiadau megis Cymorth Cristnogol sy'n gweithredu o blaid y tlawd, yn blant neu oedolion, yr ymylol, a ffoaduriaid sy'n dianc oddi wrth amgylchiadau gerwin ac eithafol;
- cefnogi pob ymdrech i rannu adnoddau dynol a'r greadigaeth i ddileu amddifadedd ac anghyfiawnder, a chreu cymuned fyd-eang o gariad a brawdgarwch:
- codi llais yn erbyn pob trachwant sy'n cyfoethogi rhai ar draul caethiwo eraill i dlodi:
- herio grym dylanwad ac athroniaeth cynnydd, globaleiddio a'r cwmnïau mawr rhyngwladol:
- meithrin cysylltiadau 'eciwmenaidd' gyda phawb sy'n rhannu'r un agenda, megis mudiadau neu grefyddau eraill.

Tasg enfawr fydd cael gwrandawiad ac ewyllys yn y byd gwleidyddol a diwydiannol i weithredu'n effeithiol. Bydd y stiward yn chwilio am bartneriaethau ar ganfas eang yn lleol, yn genedlaethol ac yn fyd-eang. Law yn llaw â stiwardiaeth effeithiol rhaid cofio bod yn effro i gwestiynau moesol o'r math y mae maes geobeirianneg yn eu codi. Cwestiwn arall i'w ystyried yw: os methir ymateb yn effeithiol a bod y ffin ddiadlam (y *tipping point* y sonnir amdano) yn cael ei chroesi, beth wedyn yn nhermau ffydd a stiwardiaeth Gristnogol, heb sôn am y teulu dynol cyfan?

Trafodaeth

1. Pa arwyddion a welwch o'ch cwmpas o gam-drin creadigaeth Duw a sut ydym yn ymateb iddynt?

2. Ymhle y gwelwch arwyddion o dlodi ac amddifadedd, e.e. plant, ieuenctid, ac oedolion. Beth ddylid ei wneud?

3. 'Nid digon cefnogi elusennau sy'n taclo llygredd a thlodi, mae'n rhaid wrth newid trefn economaidd a chymdeithasol sylfaenol i ddileu'r pethau hyn.' Ai gwir?

4.   Ai Greenpeace yn hytrach na'r eglwys yw stiwardiaid creadigaeth Duw heddiw?

5.   Sut mae adnabod a herio strwythurau anghyfiawn sy'n amddifadu cynifer a meithrin dinasyddiaeth fyd-eang?

Gwrando ar gerddoriaeth y Manic Street Preachers, 'If you tolerate this, your children will be next', *This is My Truth, Tell Me Yours*.

Gweddi

Tydi, Arglwydd y greadigaeth oll,
a luniaist bob trefn a phatrwm
trwy'r planedau,
yn dy fyd
ac ym mhob rhywogaeth o fywyd;
dysg i ni ostyngeiddrwydd a pharch
wyneb yn wyneb â rhyfeddod dy waith
a dirgelion dy ffyrdd.
Maddau i ni gyfyngiadau ein gorwelion, ein cam-drin ar fywyd ac ar egnïoedd dy greadigaeth. Grymusa ni i wynebu heriau ein dyddiau gan feithrin stiwardiaeth gyfrifol ar waith dy ddwylo, ymestyn dy deyrnasiad a bod yn gyfryngau bendith i'r oes hon a'r oesoedd a ddaw. Amen.

PENNOD 4

Gwasanaethu'r Duw Byw: Rhannu Newyddion Da

Pwrpas y bennod hon yw ystyried fod ymestyn teyrnasiad Duw hefyd yn cynnwys rhannu ei newyddion da amdano'i hun ac amdanom ni, ei bobl.

Defosiwn

Emyn 620 – 'O pâr i'th Eglwys, ti'r Winwydden wir'

Darlleniad: Eseia 9:2, 6–7; Eseia 52:7

Myfyriwn yn dawel ar yr adnodau canlynol:

Y Gair oedd yn bod ar y dechrau cyntaf.
Roedd y Gair gyda Duw,
a Duw oedd y Gair.
Roedd gyda Duw o'r dechrau cyntaf un.
Drwyddo y crëwyd popeth sy'n bod.
Does dim yn bodoli ond beth greodd e.
Ynddo fe roedd bywyd,
a'r bywyd hwnnw'n rhoi golau i bobl.
Mae'r golau'n dal i ddisgleirio yn y tywyllwch,
a'r tywyllwch wedi methu ei ddiffodd.

Daeth y Gair yn berson o gig a gwaed;
daeth i fyw yn ein plith ni.
Gwelon ni ei ysblander dwyfol –
ei ysblander fel Mab unigryw
wedi dod oddi wrth y Tad
yn llawn haelioni a gwirionedd.
(Ioan 1:1–5, 14; b.n.)

Darllen: **Duw**

Nid meudwy mud, iogïaidd ydyw Ef
Mewn myfyr uwch Ei fogail mawr Ei hun;
Na mathemategwr yn niwl y nef
Yn datrys symiau goruwchnaturiol dyn:
Ni luniodd Ef ein byd fel artist pur,
Gwasgodliw, ar hunangar, sgilgar sgêm;
Na'i yrru'n beiriant ar hyd reiliau dur
Ar ôl i'w law wyddonol godi'r stêm.
Efe ydyw Ef; a chariad yn Ei fron
Fel berw ymhlith Ei holl feddyliau i gyd,
A hwnnw'n bwrw i'r wyneb don ar don
O angerdd ar hyd traethau broc ein byd;
A bwrw'r nawfed don ar Galfari,
A'r llong ymwared ar ei hewyn hi.

Gwenallt (gyda chaniatâd parod y teulu)

Arweinydd:	Molwn di, Arglwydd, Creawdwr, a Thad,
Pawb:	**am ryfeddod ac amrywiaeth dy greadigaeth.**
Arweinydd:	Molwn di, Arglwydd, Creawdwr a Thad,
Pawb:	**am gyfoeth bywyd a'i gynhaliaeth.**
Arweinydd:	Molwn di, Arglwydd, Creawdwr a Thad,
Pawb:	**am rym dy gariad, cyfrinach bywyd.**
Arweinydd:	Molwn di, Arglwydd, Creawdwr a Thad,
Pawb:	**am gael adnabod dy gariad yn Iesu o Nasareth.**
Arweinydd:	Molwn di, Arglwydd, Creawdwr a Thad,
Pawb:	**Iesu yw dy newyddion da i ni.**
Arweinydd:	Molwn di, Arglwydd, Creawdwr a Thad,
Pawb:	**am i ti ein galw yn Iesu yn gyfryngau dy newyddion da heddiw. Amen.**

Cyflwyniad

Newyddion da! Mae gynnon ni felly rywbeth i'w rannu. O wrando ar Hiwmanistiaid Newydd fel yr Athro Richard Dawkins neu'r ddyneiddwraig a'r newyddiadurwraig Polly Toynbee ac eraill sy'n cyfrannu at ffurfio'r farn gyhoeddus heddiw, nid oes newyddion da na gobaith heblaw'r hyn y gallwn ei gynhyrchu ein hunain fel pobl. Ond nid dyna'r ffydd Gristnogol. I ni, y *mae* Duw ac felly y mae newyddion da a gobaith. Nid damwain na hap yw'r greadigaeth na bywyd. Y mae Duw. Nid yw Ef wedi encilio i fyd o berffeithrwydd a chefnu ar ddioddefaint a phechod gan adael ei stiwardiaid i weithredu yn ei le! Yn Iesu o Nasareth, daeth i ganol tristwch, poen ac anobaith dynoliaeth i ddangos i ni y math ar fywyd sy'n fywyd Duw ei hun ac y mae am i ni ei feddiannu a'i fwynhau. Bywyd o gariad heb ball na thrai arno ydyw: mae'n ei roi ei hun i eraill. Wrth roi a rhannu cariad, byddwn yn herio hen furiau a'r rhagdybiaethau sy'n gwahanu pobl ac felly'n creu perthynas newydd rhwng pobl a'i gilydd. Yn Iesu, mae cariad y Tad yn cyffwrdd bywydau weithiau mewn tosturi a chydymdeimlad, yn enwedig y rhai a adawyd ar ymylon pethau. Dro arall gall fod yn her bwerus i sefydliad a'i warchodwyr, i statws mewn cymdeithas ac awdurdod y rhai allai ddod â'r rheini sydd ar yr ymylon i ganol pethau. Y newyddion da felly yw cariad angerddol y Tad tuag at ei fyd a'i bobl sy'n cael y mynegiant pennaf ym mywyd a chroes Crist a'i atgyfodiad.

Galwodd Iesu ddeuddeg disgybl 'i fod gydag ef' fel y gallai eu hyfforddi a'u cymhwyso at ei waith. Wedi ei ddioddefaint a'i atgyfodiad rhoddodd iddynt y gallu i barhau ei genhadaeth. 'Ewch,' meddai, 'a gwnewch ddisgyblion' (Mathew 28:20). Mae'n dilyn felly ei fod yn ymddiried ynom ninnau, ei ddisgyblion heddiw, i rannu ei newyddion da a gwneud disgyblion neu ddilynwyr newydd ac felly stiwardiaid newydd Iesu Grist. Stiwardiaid neu rannwyr newyddion da ydym oll.

Wrth ystyried sut y daw pobl i gredu heddiw, casgliad John Finney, Cyn-swyddog Efengylu Eglwys Loegr, wrth gyflwyno adroddiad i'r Eglwysi Ynghyd yn Lloegr, oedd mai wrth i bobl Iesu Grist, yn rhediad naturiol eu sgwrs bob dydd, adrodd eu hanesion amdano, y ceir y llwyddiant mwyaf. Yn ôl ei adroddiad, bychan iawn yw'r effaith a gaiff rhaglenni efengylu teledu, er enghraifft, a phrin yw'r dylanwad tymor hir a geir yn dilyn crwsâd efengylaidd. Am hynny, mae angen i Gristnogion unigol ddefnyddio neges y Beibl a'u profiad ohono yn eu cylchoedd personol i greu chwilfrydedd dros y ffydd ymysg ffrindiau a theulu. Yng nghwmni Cristnogion, drwy wrando ar eu hanes a phrofi cryfder eu ffydd y daw'r mwyafrif i ddeall a gwerthfawrogi'r efengyl. Hau hadau'r efengyl ym mwrlwm beunyddiol bywyd yw tasg y stiward, a'r hadau hynny'n codi o brofiad a dealltwriaeth personol o'r ffydd ac ansawdd ein bywyd ynddi. Unwaith eto, ni allwn bwysleisio gormod bwysigrwydd addoli a defosiwn yn y gwaith o ffurfio argyhoeddiad a phrofiad.

Neges y Beibl

1. Rhannu'r stori

Defnyddiai Iesu eiriau a darluniau syml a chyfarwydd i'w wrandawyr wrth gyflwyno'i neges a her ei alwad. Gwelwn hyn yn ei bregethu, ei hyfforddi, ei ddamhegion a'i ddelweddau (e.e. Mathew 13, Marc 4 neu Luc 15). Mae ein stiwardiaeth ninnau o'r newyddion da i gynnwys dweud ein stori mewn iaith a darluniau sy'n siarad â'n dyddiau ni ac weithiau o bosib yn dangos dychymyg a chreadigrwydd ar ein rhan ninnau.

Wedi i Iesu iacháu'r gŵr o Gadara oedd wedi'i gaethiwo gan rymoedd drwg, dywedodd wrtho am fynd a rhannu ei brofiad o iachâd:

> Pan oedd Iesu ar fin mynd i mewn i'r cwch, dyma'r dyn oedd wedi bod yng ngafael y cythreuliaid yn dod ato ac erfyn am gael aros gydag e. "Na," meddai Iesu. "Dos adre at dy deulu a dywed wrthyn nhw am y cwbl mae Duw wedi'i wneud i ti, a sut mae wedi bod mor drugarog." Felly i ffwrdd â'r dyn a dechrau dweud wrth bawb yn ardal Decapolis am bopeth oedd Iesu wedi'i wneud iddo. Roedd pawb wedi'u syfrdanu.
> (Marc 5:18–20; b.n.)

Dywed yr hanes hwn ddau beth wrthym sydd o bwys i'n tasg fel stiwardiaid. Yn gyntaf, mae'n pwysleisio gallu a grym Iesu yn rhyddhau gŵr caeth i ryddid a bywyd newydd. Dyma ddyn â chanddo stori i'w dweud (gweler hefyd Marc 2:1–12). Mae'r Efengylau hefyd yn rhoi hanes Iesu i ni mewn storïau llai dramatig. Y peth pwysig yw sut y mae Iesu wedi cyffwrdd ein bywyd ni. Yn ail, pwysleisia'r hanesyn yr her i'r claf a adferwyd i aros ymysg ei bobl ei hun a dweud ei stori yno. Nhw oedd yn ei adnabod, nhw allai werthfawrogi'r newid trwyadl ynddo, ac felly roedd her iddyn nhw yn yr hanes. O fewn ein cyd-destun a'n sefyllfa ein hunain y daw'r her i ddweud ein stori, a gwelai Iesu hynny'n cael y flaenoriaeth ar deithio efo fo.

Teg nodi bod yn y Decapolis (y deg tref yr ochr draw i'r Iorddonen, a Gadara yn un ohonynt) boblogaeth gref nad oeddent yn Iddewon, ac felly gwelai Iesu gyfle yma i groesi ffiniau arferol iaith, diwylliant a chrefydd oedd yn gwahanu pobl oddi wrth ei gilydd. Fel stiwardiaid, rhaid cofio bod yr efengyl i bawb yn ddiwahân, beth bynnag eu cefndir neu eu traddodiad. Iesu, y rhyddhawr caethion i fywyd newydd, yw'r neges: bywyd yn nhrefn teyrnasiad Duw yw'r bywyd hwnnw a'r cyfrwng yw'r dyn y cyffyrddodd Iesu â'i fywyd. Hwn yw'r stiward yr ymddiriedwyd y newyddion da iddo, a'i dasg yw rhannu'r stori â'i gyfoedion gartref er mwyn iddynt hwythau ddod i adnabod Iesu a'i ddilyn. Y cwestiwn felly yw beth yw ein stori ni, y stori y mae'n rhaid i ni ei rhannu. Pam yr ydym yn parhau i ddilyn Iesu?

2. Croesi ffiniau arferol

Bywyd o groesi ffiniau a thorri tir newydd wrth rannu ei neges am gariad Duw oedd bywyd Iesu. Un yn unig oedd stori Gadara, a dyma un arall – ei hanes gyda'r wraig o Samaria:

> Dyna pryd daeth ei ddisgyblion yn ôl. Roedden nhw'n rhyfeddu ei weld yn siarad â gwraig, ond wnaethon nhw ddim gofyn iddi hi, "Beth wyt ti eisiau", nac i Iesu, "Pam wyt ti'n siarad gyda hi?"
>
> Dyma'r wraig yn gadael ei hystên ddŵr, a mynd yn ôl i'r pentref. Dwedodd wrth y bobl yno, "Dewch i weld dyn oedd yn gwybod popeth amdana i. Allai e fod y Meseia tybed?" Felly dyma'r bobl yn mynd allan o'r pentref i gyfarfod Iesu ...
>
> Roedd nifer o Samariaid y pentref wedi credu yn Iesu am fod y wraig wedi dweud, "Roedd yn gwybod popeth amdana i." Felly pan ddaethon nhw ato, dyma nhw'n ei annog i aros gyda nhw, ac arhosodd yno am ddau ddiwrnod.
>
> (Ioan 4:27–30, 39–40; b.n.)

Roedd hi'n dipyn o syndod i'r wraig o Samaria fod Iesu wedi siarad efo hi wrth y ffynnon ac wedi ymddiddori ynddi, a'i fod yn ei nabod mor dda. Roedd hi'n wraig ac yn dod o Samaria – gwlad ac iddi hen hanes o elyniaeth rhyngddi a'r Iddewon. Canlyniad y sgwrs oedd iddi fynd yn ddiymdroi at ei phobl i ddweud wrth bawb am y 'gŵr rhyfedd hwn'. Creodd hynny yn ei dro chwilfrydedd mawr ynglŷn ag Iesu. Trwyddi hi daeth 'nifer' ('llawer', meddai'r Beibl Cymraeg Newydd) i gredu yn Iesu.

Mae yma sawl pwynt o bwys i'n hastudiaeth ni:

- Profiad llai dramatig na hanes Gadara sydd yma. Sgwrsio efo'r wraig wnaeth Iesu mewn ffordd ddigon naturiol, os anarferol, wrth y ffynnon; does dim gweithred ryfeddol yma. Ond eto, mae'r hanes lawn mor ddilys a'r dystiolaeth dawel yr un mor bellgyrhaeddol ei chanlyniad. Bydd y sgwrs dawel yn apelio at lawer ohonom.
- Allweddol hefyd yw creu chwilfrydedd ynglŷn ag Iesu. Mae'n bwysig fod y stiward, drwy *wneud* a *dweud*, yn ennyn diddordeb ynglŷn ag Iesu.
- Sylwn ar y nodyn personol yn y stori: cyfarfod â'r wraig lle roedd hi, ar ei thir ei hun, ac fel yr oedd hi wnaeth Iesu, ei derbyn fel yr ydoedd a'i herio heb ddisgwyl iddi fod yn wahanol a heb unrhyw agenda gudd. Nid diben efengylu yw gwneud pobl yn debyg i ni nac i'n traddodiad ni, ond eu galluogi i weld Iesu a dymuno dod ato. Nid ceisio dylanwadu ar bobl drwy greu ofn ond eu denu at Iesu yw efengylu – dweud ein stori heb ddisgwyl dim yn ôl.
- Mae'r newyddion da am gariad Dduw yn ehangach na dim un ohonom, nac unrhyw safbwynt o'n heiddo, na'r enwad y perthynwn iddo. Nid yr un wedd ar y newyddion da fydd yn denu pawb. Mae apêl Iesu mor eang ac amrywiol: ei ddiddordeb yn y wraig a'i denodd hi, "gwybod y cyfan amdanaf". Ond, fel yn hanes y wraig, mae a wnelo â'n holl gysylltiadau (aeth y wraig i ddweud ei stori wrth y pentref cyfan), a thasg y stiward yw gwrando a synhwyro beth ynglŷn ag Iesu fyddai'n cyffwrdd bywyd y gwrandawr, a sut orau i'w gyflwyno. Mae yma awgrym hefyd fod angen cyfarfod y 'Samariaid' ar eu tir eu hunain. Sut y gallai Iesu fod yn Iesu i'r Samariaid heb wneud hynny?
- Mae yna rym creadigol yn Iesu sy'n newid golwg person ar fywyd ac felly, oherwydd yr ymateb iddo, arhosodd ddeuddydd ychwanegol yn Samaria.

Rydym eisoes wedi crybwyll mor bwysig yw teyrnasiad Duw fel thema neges a bywyd Iesu yn yr Efengylau, sef, yn fras, ffordd Duw o drefnu ei fyd a bywyd arno. Mae'r gair teyrnas ynddo'i hun yn cynnwys perthynas pobl â'i gilydd yn ogystal â'u perthynas â Duw. Mae'r newyddion da am gariad Duw yn ei roi ei hun i ni yn Iesu yn croesi pob ffin – iaith, traddodiad a chrefydd – ac yn clymu dynolryw yn un ynddo ef. Tasg y stiward, felly, yw byw a siarad cariad sy'n chwalu gwahanfuriau er mwyn creu cymdeithas newydd yng Nghrist.

3. Cyswllt personol

Aeth Iesu yn ei flaen i mewn i Jericho, ac roedd yn mynd drwy'r dref. Roedd dyn o'r enw Sacheus yn byw yno – Iddew oedd yn arolygwr yn adran casglu trethi Rhufain. Roedd yn ddyn hynod gyfoethog. Roedd arno eisiau gweld Iesu, ond roedd yn ddyn byr ac yn methu ei weld am fod gormod o dyrfa o'i gwmpas. Rhedodd ymlaen a dringo coeden sycamorwydden oedd i lawr y ffordd lle roedd Iesu'n mynd, er mwyn gallu gweld.

Pan ddaeth Iesu at y goeden, edrychodd i fyny a dweud wrtho, "Sacheus, tyrd i lawr. Mae'n rhaid i mi ddod i dy dŷ di heddiw." Dringodd Sacheus i lawr ar unwaith a rhoi croeso brwd i Iesu i'w dŷ.

Doedd y bobl welodd hyn ddim yn hapus o gwbl! Roedden nhw'n cwyno a mwmblan, "Mae wedi mynd i aros i dŷ 'pechadur' – dyn ofnadwy!"

Ond dyma Sacheus yn dweud wrth Iesu, "Arglwydd, dw i'n mynd i roi hanner popeth sy gen i i'r rhai sy'n dlawd. Ac os ydw i wedi twyllo pobl a chymryd mwy o drethi nag y dylwn i, tala i bedair gwaith cymaint yn ôl iddyn nhw."

Meddai Iesu, "Mae'r bobl sy'n byw yma wedi gweld beth ydy achubiaeth heddiw. Mae'r dyn yma wedi dangos ei fod yn fab i Abraham. Dw i, Mab y Dyn, wedi dod i chwilio am y rhai sydd ar goll, i'w hachub nhw."

(Luc 19:1–10; b.n.)

Dyma stori sy'n em gynnil: swyddog y dreth ddaeth yn gyfoethog drwy dwyll, yn fyr o gorff ond yn fawr ei awydd am weld Iesu. Dringodd goeden. Pam, tybed? Ai chwilfrydedd o glywed am Iesu, ynteu a oedd yn chwilio am fywyd gwahanol ei ansawdd a'i flaenoriaethau, ac wedi cael digon ar dwyllo? Mae'r ffaith ei fod yn barod i syrthio ar ei fai yn gyhoeddus (edifeirwch yw'r term), talu 'nôl a rhoi trefn ar bethau yn awgrymu hynny. Gwelodd Iesu ef gan ddymuno 'aros' yn ei gartref: cafodd brofi croeso brwd Sacheus – awgrym arall, efallai, o'i ymchwil am fywyd. Ond gwahanol iawn yw ymateb clecsaidd, condemniol torf ddiddeall (nid oes prinder hynny, hyd yn oed heddiw). Cymerodd Sacheus afael o'i dras ysbrydol fel plentyn i Abraham a gwelwn bwrpas Iesu – 'cadw'r colledig' – yn uchafbwynt y digwyddiad. Edifeirwch yw cyfle gras.

Gallwn drafod perthynas gras ag edifeirwch ond, i ddiben stiwardiaeth Gristnogol, nodwn y canlynol:

- pwysigrwydd ymwneud personol, grasol, digondemniad Iesu. Nid yw Iesu yn cyhuddo neu'n condemnio unrhyw berson oherwydd 'ei bechod'. Creadigol a chadarnhaol yw ei ymwneud. Felly ei stiwardiaid hefyd: nid edliw na chondemnio yw eu rôl ond rhannu gobaith drwy Grist;
- ymateb creadigol a chadarnhaol ar ran Iesu yw derbyn, rhannu cariad, gweithredu maddeuant, a chreu perthynas newydd. Ymateb Sacheus yw cydnabod gwendid, gwneud iawn, dod i berthynas newydd. Gallwn ddweud mai 'gras' yw sail y cyfan;
- ni ddylem synnu os bydd rhywun yn dangos diddordeb ynom ac yn ein ffydd. Fel Sacheus, ni wyddom beth yn union sy'n ysgogi'r diddordeb. Am hynny, rhaid i'n hymateb fod yn bersonol, yn gynnes, yn gariadlon ac yn groesawgar (sgwrs, paned, coffi ac ati!);
- na phoenwn am ymateb arwynebol, diddeall gwylwyr. Bydd gwrthwynebiad; ein dyfalbarhad a'n cadernid yw'r ateb i unrhyw wrthwynebiad.

Cyfrwng yw'r stiward i gyfeirio person arall at gyfrinach a ffynhonnell ei obaith a'i fywyd ei hun. Rhaid iddo/iddi wneud hynny gyda gostyngeiddrwydd gan wybod mai pechadur ydyw ef ei hun hefyd a'i fod yn atebol i'w Arglwydd. Mae rhannu ffydd ac wynebu cwestiynau pobl eraill yn miniogi ein ffydd ninnau, stiwardiaid heddiw. Wrth ei rhannu, mae'n cynyddu ynom. Yn wir, rhaid herio pob rhagfarn ac anwybodaeth, ac felly rhaid i ni ein paratoi ein hunain yn effeithiol ar gyfer y dasg. Rhan o dasg eglwys a'i gweinidogaeth yw arfogi'r stiwardiaid ar gyfer eu tasg yn y byd. Dywedodd D. T. Niles mai efengylu yw 'un cardotyn yn dweud wrth un arall ble i ffeindio bara'.

4. Ysbryd y neges

> Byddwch barod bob amser i roi ateb i bwy bynnag sy'n gofyn i chi esbonio beth ydy'r gobaith sy gynnoch chi. Ond byddwch yn garedig wrth wneud hynny a dangos y parch fyddai Duw am i chi ei ddangos atyn nhw. Peidiwch gwneud dim fydd gynnoch chi gywilydd ohono.
> (1 Pedr 3:15–16; b.n.)

Wrth ysgrifennu at eglwysi yn Asia, a hwythau o bosib dan fygythiad o erledigaeth, y mae Pedr am iddynt fod yn barod bob amser i roi cyfrif am y gobaith sydd ganddynt yn yr efengyl. Ond mae'n pwysleisio hefyd mor bwysig yw gwneud hynny yn yr ysbryd iawn, gydag 'addfwynder a pharchedig ofn', meddai'r Beibl Cymraeg Newydd; 'yn garedig gan ddangos parch', meddai cyfieithiad beibl.net. Mae'r ysbryd y dywedwn rywbeth ynddo lawn mor bwysig â'r geiriau a ddefnyddiwn. Hynny yw, rhaid i'n ffordd ni o siarad fod mor rasol a hael ag yw'r neges ei hun. Roedd Iesu yn gwbwl hunanfeddiannol a grasol, hyd yn oed wrth wynebu ei elynion ac yn ei ddyddiau olaf ar y ddaear. Am hynny, rhaid i'r stiward dyfu'n fwyfwy tebyg i'w Arglwydd, nid yn unig yn ei neges ond hefyd wrth ei chyflwyno – nid yn ymwthiol nac yn ymosodol, ond yn onest a gostyngedig, ac eto'n gadarn a brwdfrydig. Cofiwch y gallai Iesu weithiau fod yn ddigon plaen a heriol; nodwn ei ddisgrifiad o'r arweinwyr crefyddol fel enghreifftiau (gweler Mathew 15:12–14).

Unwaith eto, nid gwneud pobl yn debyg i ni na chwaith eu hannog i berthyn i'n heglwys ni yw'r nod, ond yn hytrach eu cyflwyno i Iesu Grist. Ef, ac nid ni, all beri tyfu mewn ffydd, gobaith a chariad, a thynnu allan o bob un ohonom ein potensial llawn. Meithrin tebygrwydd iddo ef sy'n bwysig.

Gair arall pwysig wrth ystyried yr ysbryd a ddefnyddiwn i gyflwyno ein ffydd ynddo yw llawenydd. Y mae i ni lawenydd am fod i ni obaith. Rhoddion Duw yw gobaith a llawenydd wrth i ni gynyddu ac aeddfedu yn neges ei newyddion da (Effesiaid 1:8). Ni allwn ei greu, ond cawn ein meddiannu ganddo. Yn llawer rhy aml, mae ein hwynebau'n drist a'n sgwrs yn ddigon negyddol wrth sôn am gyflwr pethau. Weithiau, mae'r sefyllfa yn bwrw cysgod drosom wrth i ni drafod ffydd, fel y rhai ar y ffordd i Emaus; "yr oeddem ni wedi gobeithio", meddent. Cyflwr ysbrydol yw llawenydd ac fe'i cynhyrchir ynom gan obaith yr efengyl ac egni Duw ei hun. A dyna ni'n ôl at ein haddoliad. Mae'n werth hefyd cofio'r addewid: "Bydd yr Ysbryd Glân yn dangos i chi beth i'w ddweud yn y fan a'r lle" (Luc 12:11; b.n.). Rhaid i'r stiward felly fentro ar yr addewid y caiff ei gynnal a'i arwain wrth iddo gyflwyno'r newyddion da: "yr wyf fi gyda chwi hyd ddiwedd amser" (Mathew 28:20; BCN).

Mae'n eglur, felly, o ddyddiau Iesu ei hun fod rhannu profiad o'r efengyl, boed hwnnw'n brofiad tawel neu'n chwyldroadol, yn gyfrwng effeithiol o gyfathrebu a lledaenu'r newyddion da. Mae'n dilyn bod cyfrifoldeb ar bob un ohonom, fel stiwardiaid yr efengyl, i adrodd ein stori ni am Iesu, pam y credwn ynddo a beth yw ein gobaith ynddo. Yn y ffordd hon caiff pobl gyfle i ganfod neu i ddirnad y ffydd. Rhaid peidio ag anghofio egni Ysbryd Crist sy'n addewid yn y gwaith, fel y gwelwn yn Llyfr yr Actau (Actau 1:8). Ni allwn anghofio chwaith fod rhannu ffydd yn gyfraniad tuag at ledaenu teyrnasiad Duw yn y byd. Rhan o'r un bwriad yw'r *dweud* a'r *gwneud.* Man cychwyn disgyblaeth yn y ffydd yw unrhyw brofiad ysbrydol a gawn. Yn wir, nid oes raid wrth brofiad felly cyn dechrau dilyn Iesu. Mae chwilfrydedd am wybod mwy yn fan cychwyn digonol, gyda'r profiad yn dilyn. Ac, wrth gwrs, mae'r dasg o wneud disgyblion yn dechrau gyda dweud ein stori. Dichon nad yr un peth yw 'creu disgyblion' a chreu aelodau eglwys.

Stori

Mae John Drane, gweinidog o Albanwr, yn rhannu ei brofiad o efengylu personol:

Yn lle tybio ein bod yn mynd â Duw at bobl eraill, dechreuwn drwy gydnabod bod Duw eisoes ar waith yn y byd y tu draw i fywyd yr Eglwys. Gan ein bod yn rhannu ym mywyd y ddynoliaeth, ni fyddwn yn estyn gwahoddiad i fod yn ddisgyblion o safle o rym a rheolaeth (llai fyth o sefyllfa o ragoriaeth), ond fel partneriaid. Mae am i ni fod yn fwy parod i uniaethu ag ymdrechion eraill wrth iddynt ymdopi â thaith bywyd; neu, a defnyddio darlun gwahanol, mae am i ni wahodd eraill i ymuno â ni wrth i ninnau ganfod y mannau gwan ynom ni sy'n cael eu gwneud yn frodwaith prydferth gyda chymorth y dylunydd pennaf oll – Iesu Grist. Wrth weithio fel hyn, byddwn yn rhyddhau efengylu o afael yr arbenigwyr sy'n gweithio yng nghyd-destun ffurfiol digwyddiadau mawr, neu hyd yn oed wasanaethau eglwysig cyson ac yn ei osod yn ôl lle mae'r Testament Newydd yn ei osod, ym mhatrwm bywyd bob dydd Cristnogion cyffredin. Yn hytrach na rhoi'r holl bwyslais ar bregethwyr proffesiynol, byddwn yn darganfod o'r newydd rym sgwrsio ymhlith ffrindiau. Byddwn yn gwrando yn ogystal â siarad, ac yn aml byddwn yn gwneud y ddeubeth, nid mewn amgylchedd diogel lle y byddwn ni'n rheoli, ond ar diriogaeth eraill, lle y gallwn deimlo braidd yn anghyfforddus. Yr un pryd byddwn yn ein canfod ein hunain yn ail-greu neu'n ailgynllunio'r eglwys yn y fath fodd fel y bydd yn ymddiddori yn anghenion pobl ac nid mewn rhaglenni, personoliaethau, adeiladau neu fiwrocratiaeth.
John Drane, *Faith in a Changing Culture* (Llundain, 1997)

Myfyrdod

Rydym yn byw mewn dyddiau o chwyldro mewn cyfathrebu, gyda phosibiliadau cyffrous y rhyngrwyd, yr ebost, y lloeren, y cyfryngau cymdeithasol: Facebook, Twitter ac ati. Dysgwn oddi wrthynt bwysigrwydd y byr, y cryno a'r bachog. Ac eto, yng nghyswllt y ffydd, pery'r gair personol, wyneb yn wyneb, yn allweddol gyda'r her i fod yn llawen, yn ostyngedig ac yn ddiymhongar ond hefyd yn gadarn ac yn bendant. Mor aml ar wefusau Iesu y mae'r geiriau, "Dos, a dywed".

Y cwestiwn sylfaenol yw: pwy yw Iesu Grist i ni? Bydd rhai'n sôn am brofiad ohono'n codi o'r Bregeth ar y Mynydd (Mathew 5–7) a'i ddysgeidiaeth foesol, gan ddatgan bod egwyddorion ei deyrnas yn sylfaen i gymdeithas a chenedl wâr ac i obaith sicr am y dyfodol. Bydd eraill am rannu digwyddiadau'n codi o gyffyrddiad ei law â'u bywyd nhw. Bydd rhai'n cyfeirio at ddigwyddiadau dramatig, chwyldroadol a newidiodd gwrs eu bywyd. Boed ein stori'n un dawel neu ddramatig, y mae gan bob un ohonom rywbeth i'w ddweud am Iesu ac felly rywbeth i'w rannu â'n gilydd ac â'r byd. Arferai Meirion Lloyd Davies ddweud, 'Y mae'r eglwys yn bod i gyfathrebu. Dyna hanfod ein cenhadaeth.' Tasg i'w gwneud gyda'n gilydd yw honno, gyda'r holl amrywiaeth o brofiadau ac adnoddau sydd gennym.

Yn ei hunangofiant, dywed y cyn-Brifweinidog John Major, 'The church appealed to me, but never reached out to me.' Na fydded i ni fel stiwardiaid fethu cyfle i adrodd ein stori ac felly estyn at bobl a hyrwyddo'r efengyl. Na fydded i ni flino rhannu ein newyddion da, na sôn am y gobaith sydd ynom. Wrth wneud hynny gyda'n gilydd, gwelwn fod ehangder ein neges mor llydan â holl gysylltiadau dyn yn y byd hwn, heb sôn am a ddaw. Mae rhannu'r newyddion da fel y maen nhw wedi ein cyffwrdd ni o fewn teulu'r eglwys yn ffordd o rymuso ac ysbrydoli ein gilydd. Yn arbennig felly, mor bwysig ydyw i'n pobl ifanc, sy'n cael eu magu mewn oes anghrediniol, ddigon gelyniaethus i'r ffydd – ond eto oes sy'n chwilio ac yn holi llawer – glywed pam mae ffydd yn rym yn ein bywydau ni, y rhai hŷn. Efallai y bydd cwestiynu a thrafod, ac yn hynny mae agwedd Crist debyg o dynerwch ac addfwynder gostyngedig yn hollbwysig. Am hynny, mae rhannu ein straeon personol am Iesu yn bwysig ym mhob cyswllt.

Nid tasg y stiward yw gwthio na phrofiad nac athrawiaeth ar eraill ond canfod ble mae Duw ar waith mewn pobl eraill, gan helpu i ffeindio Iesu o Nasareth, Arglwydd a Gwaredwr. Mae ef ymhlith ein pobl o'n blaen ni. Ni allwn fynd â Duw yng Nghrist i unman; y mae yno eisoes.

Felly, mae angen pwysleisio:

- pwysigrwydd ffydd i ni'n bersonol a'i gweld yn rhodd i'w rhannu;
- bod y rhannu hwnnw i ddigwydd yn ein cysylltiadau naturiol oddi mewn ac oddi allan i fywyd yr eglwys;
- mor bwysig yw ysbryd hawddgar a gostyngedig i'r stiward; ysbryd addolgar ydyw.

Trafodaeth

1.   Pwy yw Iesu o Nasareth i chi, a pham ei ddilyn a'i addoli heddiw?

2.   Pa mor bwysig yw cyfeillgarwch unigolion a chynhesrwydd y gymuned Gristnogol wrth rannu ffydd?

3.   Pa mor bwysig i fywyd y stiward yw addoli a meithrin bywyd defosiynol?

4.   'Mor bwysig yw gwrando a dirnad cyn dweud dim.' Cytuno?

Gweddi

Arweinydd: Gwna ni'n fyw, Arglwydd, i'th gyffyrddiad arnom,
             yn goleuo ein meddwl, ein deall, ein teimlad,
             gan greu ynom stori i'w rhannu amdanat.
Pawb: **Helpa ni, Arglwydd, i fyw yn dy gariad.**

Arweinydd: Galluoga ni i dyfu yn dy gariad
             trwy rannu ein stori mewn geiriau a gweithredoedd.
Pawb: **Helpa ni i rannu dy gariad.**

Arweinydd: Rho ras i ni i dderbyn oddi wrth eraill,
             gan wybod mai wrth rannu a derbyn

y cawn ein cyfoethogi.

Pawb: **Helpa ni i rannu dy gariad.**

Arweinydd: Crea ynom ffydd i werthfawrogi
mai Ti sy'n dwyn ffrwyth
o'n rhoi a'n rhannu ni
yn dy amser dy hun.

Pawb: **Arglwydd, rho egni i ni, dy stiwardiaid,**
Fel y byddom ffrwythlon yn dy waith. Amen.

Emyn 710: 'Arglwydd Iesu, dysg im gerdded'

Cydadrodd y Fendith.

PENNOD 5

Gwasanaethu'r Duw Byw: Bod yn Newyddion Da

Pwrpas y bennod hon yw pwysleisio nad yw geiriau yn ddigon mewn stiwardiaeth effeithiol o newyddion da Duw yn Iesu Grist. Mae ein gweithredoedd, ein gwerthoedd a'n blaenoriaethau – yn wir, y 'cwbwl sydd ynof' yn fynegiant o'n stiwardiaeth.

Defosiwn

Emyn 843: 'A glywaist ti waedd yr anghenus'

Cyd-ddarllen: Salm 139:1–3; 23–4

Darllen: Mathew 5:38–48

Gweddi

Arweinydd:	Arglwydd, yr un i ti yw gair a gweithred, llefaru a gwneud.
Pawb:	**Dysg i ni dy ffyrdd.**
Arweinydd:	Os wyt ti'n sylwi ar ein hanghysonderau, pwy a all sefyll?
Pawb:	**Glanha ni, fel y llefarwn ac y gweithredwn dy air.**
Arweinydd:	Daethost i'n plith a bod yn newyddion da i ni yn Iesu.
Pawb:	**Dysg i ni fyw ynot fel y bydd i Iesu ddod i'r golwg ynom a thrwom.**
Arweinydd:	Buost farw er mwyn i ni gael byw'r bywyd llawn, helaethach.
Pawb:	**Bydded dy Ysbryd arnom er mwyn i ni gynyddu ynot.**
Arweinydd:	Wedi ein cymhwyso, anfon ni 'nôl i'r byd i fyw'r newyddion da.
Pawb:	**Yna, byddwn ninnau yn fendith i eraill ac yn ogoniant i ti.**

Cyflwyniad

O dudalennau cyntaf y Beibl, yr un yw gair a gweithred Duw. Yn Llyfr Genesis 1:3, darllenwn: 'A dwedodd Duw, "Dw i eisiau golau!" a daeth golau i fod.'

Wrth ryddhau'r Israeliaid o'r Aifft, gwnaeth Duw gytundeb â'i bobl (cyfamod yw'r gair – gw. Genesis 17:7; Exodus 19:5; BCN). Roedden nhw'n cytuno i gadw ei orchmynion ac roedd hynny'n golygu nid yn unig gydnabod Duw drwy ei addoli ond hefyd barchu eu cyd-ddyn a'i eiddo. Mae cysondeb mewn bywyd yn golygu addoli a gweithredu. Cwyn y proffwydi gynt oedd i'r genedl gefnu ar y cyfamod trwy fethu ei weithredu, nid yn unig yn ei pherthynas â Duw ond hefyd ym mherthynas pobl â'i gilydd, ac yn arbennig â'r tlawd a'r rhai ar ymylon cymdeithas. Oherwydd yr annhegwch neu'r anghyfiawnder yn y gymdeithas clywn gri Amos am i farn redeg fel dyfroedd a chyfiawnder yn ffrwd gref. Yn wir, gwelai'r proffwydi'r genedl ar lwybr gwrthdrawiad â Duw ei hun gan nad oedd yn gweithredu ei air oherwydd ei bod yn goddef anghyfiawnder (Amos 5:24). Gweler hefyd Eseia 5:1–7; Hosea 3 a Micha 6:6–8. Roedd i hynny ganlyniadau erchyll i barhad y genedl ac roedd yn tanseilio rhuddin ei chymeriad yn wyneb bygythion gelynion oddi allan iddi, megis Asyria a Babilon.

Mae pwyslais Iesu yn gwbl gyson â llais y proffwydi, a gwelsom iddo ddefnyddio geiriau Eseia'r proffwyd i ddisgrifio'i waith a'i fywyd ei hun. Pwysleisia'n gyson mor sylfaenol yw gweithredu'r ffydd. Mae'r gŵr goludog i werthu ei eiddo a rhoi i'r tlodion, y cyfreithiwr i ddilyn patrwm y Samariad, a'r Pharisead, sef gŵr y gyfraith a thraddodiad, i weithredu yn ôl ysbryd y gyfraith. Yn Llyfr yr Actau, mae cyhoeddi neges y ffydd a thyfu ynddi'n cyd-fynd â chyfarfod anghenion eraill (Actau 2:43–7) ac â chasglu ar gyfer angen yr eglwys yn Jerwsalem (1 Corinthiaid 16:1–2). Rhoes Paul yntau bwyslais ar fyw'r ffydd ac felly fod yn dystiolaeth fyw yng Nghrist (Philipiaid:1:27–30; Effesiaid 4:17–24; Colosiaid 3:5–16).

Gan ddilyn patrwm yr Arglwydd Iesu Grist, mae'n eglur felly fod gan y stiward da i Grist gonsýrn am droi'r gair yn weithred; am **fod** yn oleuni yn ogystal â sôn am oleuni; am **fyw** yn deilwng ohono yn ogystal â bod yn gyfarwydd â'i air, am **rannu** haelioni Duw yn ogystal â'i dderbyn. Does dim amheuaeth felly na fwriedid y ffydd Gristnogol i'w byw, ac mae'r byw hwnnw, ei ansawdd a'i flaenoriaethau, yn arwydd ac yn rhagflas o'r bywyd cyfan a chrwn yn nheyrnasiad Duw. Dyfynnwn Harri Williams, 'Does dim rhaid i ddyn chwilio neu ddisgwyl am fyd arall er mwyn gallu ymgysegru i Dduw a'i wasanaethu. Gall ddefnyddio pethau'r byd hwn i wasanaethu cyd-ddyn, a gogoneddu Duw trwy wneud hynny.' Mae Cristnogaeth felly yn ffydd i'w byw yn y byd hwn yn awr – heddiw, mewn ffordd greadigol, yn aml yn wrthbwynt i'r diwylliant cyfoes. Yr un pryd mae'n arwydd o obaith i'r dyfodol. Mewn gair, mae'r stiward i fyw drwy ymgorffori newyddion da Iesu Grist, yn rhagflas o'r bywyd llawn yn ei deyrnasiad ef.

Neges y Beibl

Wrth gofio'r cwlwm annatod sydd rhwng ffydd a byw, rhwng credo a gweithredu, rhwng addoli a gwasanaethu, mae llu o ddyfyniadau Beiblaidd y gellir myfyrio arnynt. Bodlonwn ar rai enghreifftiau yn unig.

1. Iesu'r proffwyd

Soniwyd eisoes am Iesu yn olyniaeth proffwydi'r Hen Destament. Ni allwn ddilyn y thema hon yn fanwl, ond nodwn fod cyfeiriadau at yr olyniaeth mewn digwyddiadau yn ogystal â'i neges yn yr Efengylau. Tybiai rhai mai Elias neu un o'r proffwydi ydoedd, gan iddynt ei weld a'i glywed (Marc 6:15; 8:28). Disgrifia Mathew y dorf yn croesawu Iesu i Jerwsalem fel 'y proffwyd o Galilea' (Mathew 21:9–11). Cofiwn am Iesu yn ei alw ei hun yn broffwyd ac wedi'i eneinio ag ysbryd yr Arglwydd yn Nasareth (Luc 4:16–30). Ac fel Elias ac Eliseus, gwelai Luc Iesu'n croesi ffiniau i wneud gweithredoedd rhyfeddol proffwyd (Luc 7:11–17; cymharer 1 Brenhinoedd 17:23). Fel y proffwydi gynt, profodd Iesu wrthodiad, dioddefaint a'i ladd. Calon proffwydoliaeth yw cyhoeddi neges Duw mewn gair a gweithred, a honno'n codi o amgylchiadau cyd-destun penodol ond eto'n cynnwys gwirionedd oesol ynglŷn â theyrnasiad Duw yn ei fyd ac ymysg ei bobl. Yn union fel y mae gweithred fawr Duw yn rhannu yn ein bywyd yn Iesu o Nasareth yn 'efengyl', y mae bywyd stiward Crist yntau i fod yn newyddion da:

> Yna trodd Iesu at ei ddisgyblion, a dweud:
> "Dych chi sy'n dlawd wedi'ch bendithio'n fawr,
> oherwydd mae Duw yn teyrnasu yn eich bywydau.
> Dych chi sy'n llwgu ar hyn o bryd wedi'ch bendithio'n fawr,
> oherwydd cewch chi wledd sy'n eich bodloni'n llwyr ryw ddydd.
> Dych chi sy'n crio ar hyn o bryd wedi'ch bendithio'n fawr,
> oherwydd cewch chwerthin yn llawen ryw ddydd.
> Dych chi wedi'ch bendithio'n fawr pan fydd pobl yn eich casáu
> a'ch cau allan a'ch sarhau, a'ch enwau'n cael eu pardduo
> am eich bod yn perthyn i mi, Mab y Dyn.
> Felly byddwch yn llawen pan mae'r pethau yma'n digwydd! Neidiwch

o lawenydd! Achos mae gwobr fawr i chi yn y nefoedd. Cofiwch mai dyna'n union sut roedd hynafiaid y bobl yma'n trin y proffwydi.
Ond gwae chi sy'n gyfoethog,
oherwydd dych chi eisoes wedi cael eich bywyd braf.
Gwae chi sydd â hen ddigon i'w fwyta,
oherwydd daw'r dydd pan fyddwch chi'n llwgu.
Gwae chi sy'n chwerthin yn ddi-hid ar hyn o bryd,
oherwydd byddwch yn galaru ac yn crio.
Gwae chi sy'n cael eich canmol gan bawb,
oherwydd dyna'r oedd hynafiaid y bobl yma'n ei wneud i'r proffwydi ffug.

(Luc 6:20–26; b.n.)

Rhaid sylwi ar y gwrthgyferbynnu sydd yn yr adnodau hyn wrth gymharu dau gyflwr, a sylwn hefyd nad canmol tlodi a dagrau ac alltudiaeth sydd yma. Yma, cawn Iesu yn llym ei feirniadaeth ar anghyfiawnder cymdeithasol sy'n peri poen ac amddifadedd, â thinc yr hen broffwydi yn ei eiriau. Clywn yr un llais yn gadarn ddigyfaddawd yn yr adnodau sy'n dilyn (27–49). Nid atodiad neu ganlyniad i'r efengyl yw rhoi bwyd i'r newynog a diod i'r sychedig, ymweld â'r claf a'r carcharor neu'r gwrthodedig; gweithredu o'r fath yw'r efengyl gan fod hynny'n fynegiant o gariad a derbyniad yn ogystal â chyfarfod ag angen person arall. Mae hefyd yn fesur o ymroddiad a hunanddisgyblaeth ar ran y rhai sy'n dangos tosturi fel hyn.

Ond aiff y proffwyd gam ymhellach, a holi beth sy'n peri'r dioddef a'r gwrthodiad, boed yn hanes y 300,000 o blant sydd mewn tlodi ym Mhrydain neu famau yn Yemen neu'r Swdan sydd heb fwyd i'w plant. Pwy sy'n gyfrifol nad oes rhannu teg ar adnoddau'r blaned? Pwy sy'n gwerthu arfau ac yn elwa ar drueni eraill? I bwy y mae'r her i edifarhau a derbyn maddeuant yn briodol (Luc 13:1)? Mae i'r stiward felly gyfle i fod yn newyddion da yn y byd cyhoeddus, i ymwneud â materion y gymdeithas ddynol. O gofio'r cyfeiriad at wrthodiad a dirmyg uchod, mae stiward yn y byd cyhoeddus yn haeddu pob cefnogaeth gan ei eglwys. Mae'r dystiolaeth broffwydol yn rhan annatod o weinidogaeth yr Arglwydd Iesu ac felly o fywyd ei stiwardiaid.

2. Yr ail filltir
"Roedd dyn yn teithio i lawr o Jerwsalem i Jericho, a dyma ladron yn ymosod arno. Dyma nhw'n dwyn popeth oddi arno, ac yna ei

guro cyn dianc. Cafodd ei adael bron yn farw ar ochr y ffordd. Dyma offeiriad Iddewig yn digwydd dod heibio, ond pan welodd y dyn yn gorwedd yno croesodd i ochr arall y ffordd a mynd yn ei flaen. A dyma un o Lefiaid y deml yn gwneud yr un peth; aeth i edrych arno, ond yna croesi'r ffordd a mynd yn ei flaen. Ond wedyn dyma Samariad yn dod i'r fan lle roedd y dyn yn gorwedd. Pan welodd e'r dyn, roedd yn teimlo trueni drosto. Aeth ato a rhwymo cadachau am ei glwyfau, a'u trin gydag olew a gwin. Yna cododd y dyn a'i roi ar gefn ei asyn ei hun, a dod o hyd i lety a gofalu amdano yno. Y diwrnod wedyn rhoddodd ddau ddenariws i berchennog y llety. 'Gofala amdano,' meddai wrtho, 'Ac os bydd costau ychwanegol, gwna i dalu y tro nesa y bydda i'n mynd heibio.'

"Felly," meddai Iesu, "yn dy farn di, pa un o'r tri fu'n gymydog i'r dyn wnaeth y lladron ymosod arno?"

Dyma'r arbenigwr yn y Gyfraith yn ateb, "Yr un wnaeth ei helpu."

A dwedodd Iesu, "Dos dithau a gwna'r un fath."

(Luc 10:30–37; b.n.)

Yr oedd cwestiwn y cyfreithiwr: beth a wnaf i etifeddu "bywyd tragwyddol?" yn gofyn am ateb cwbl ymarferol, ac fe'i cafodd. Wrth gwrs, roedd ganddo'i atebion parod yn codi o athrawiaeth ei ffydd: 'Rwyt i garu'r Arglwydd dy Dduw â'th holl galon, ac â'th holl enaid, â'th holl nerth ac â'th holl feddwl,' a 'Rwyt i garu dy gymydog fel rwyt ti'n dy garu dy hun.' Fe gyfieithwyd hynny gan Iesu i'r ddameg gyfarwydd hon, ac mae'r gwrthgyferbyniad rhwng yr offeiriad, y Lefiad a'r Samariad yn drawiadol iawn. Arweinwyr crefyddol, gwarchodwyr y sefydliad oedd y ddau flaenaf, ond i blith y dyn diarth neu hyd yn oed y 'gelyn' y perthynai'r Samariad. Ac felly, yr un o'r tu allan, y dieithryn, a ddangosodd dosturi. Pa ddiben oedd i'r holl ddysg a thraddodiad pan nad oedd hynny'n esgor ar weithredu cyson a chyflawni bwriadau a phwrpas Duw? Sylwn ar fanylion ymarferol y Samariad yn ei ofal a'i gonsýrn. Nid oes ffin rhwng credu a gweithredu'r efengyl, ac nid oes ffin ychwaith wrth weithredu tosturi – o ran iaith, na diwylliant na chrefydd. Tasg y stiward yw mynd 'yr ail filltir' a thu hwnt, fel y pwysleisia Iesu yn Mathew 5:41-2.

3. Cysondeb mewn bywyd

> Felly dyma'r brenin yn galw'r dyn yn ôl. 'Y cnaf drwg!' meddai wrtho, 'wnes i ganslo dy ddyled di yn llwyr am i ti grefu mor daer o mlaen i. Ddylet ti ddim maddau i dy gydweithiwr fel gwnes i faddau i ti?'
>
> (Mathew 18:32–3; b.n.)

Mae derbyn trugaredd yn golygu gweithredu trugaredd. Mae Iesu'n llym ar y rhai hynny sy'n barod i dderbyn tosturi a chydymdeimlad, ac yn yr achos yma ryddhad o ddyledion a chael cyfle newydd, ac eto'n amharod i wneud yr un peth i eraill. Mae'n rhaid i'r stiward fod yn gyson yn ei ffydd a'i weithredoedd. Dylai ei ffordd o fyw, ac yn arbennig ei berthynas â phobl eraill, ddangos yn glir y cariad a dderbyniodd a'r cyfrifoldeb sy'n mynd gyda hynny. Nid gweithredu ffydd ar rai adegau'n unig pan fydd yn ei siwtio ef wna stiward cyson. Mae ei fywyd cyfan yn llawn o agweddau a gweithredoedd sy'n naturiol iddo, o geisio bod yn debyg i'w Arglwydd. Mewn gair, mae'r stiward yn anelu at fywyd tryloyw. Nid yn ein goleuni ein hunain yr ydym yn cyrraedd y nod. Mae egni Duw ei hun (yr Ysbryd Glân) yn goleuo ein meddwl a'n deall, yn ysgogi ac yn grymuso ein gweithredu. A phan fethwn yn llwyr, cawn faddeuant, adferiad a'r egni i fynd ymlaen.

4. Dyrchafu bywyd

> Ond bydd y rhai cyfiawn yma yn gofyn iddo, 'Arglwydd, pryd welon ni ti'n llwgu a rhoi rhywbeth i ti i'w fwyta, neu'n sychedig a rhoi diod i ti? Pryd wnaethon ni dy groesawu pan oeddet ti'n nabod neb, neu roi dillad i ti pan oeddet ti'n noeth? Pryd welon ni ti'n sâl neu yn y carchar a mynd i ymweld â ti? A bydd y Brenin yn ateb, 'Credwch chi fi, pan wnaethoch chi helpu'r person lleiaf pwysig sy'n perthyn i mi, gwnaethoch chi fy helpu i.'
>
> (Mathew 25:37–40; b.n.)

Nid cywirdeb geirfa neu gredoau'r ffydd yw'r cwestiwn hollbwysig ynghylch dyfodiad Mab y Dyn, ond yn hytrach y ffordd yr ydym yn byw'r ffydd honno ac yn ei gweithredu. **Bod** yn newyddion da ar daith ei fywyd, lle bynnag y bydd lawn cymaint â'u llefaru, yw gwaith y stiward. Mae'r adnodau hyn yn ein pwyntio i gyfeiriad y tlawd, yr ymylol, y gwrthodedig a'r anghenus, gyda'r bwriad o gyfarfod anghenion a rhoi urddas a gwerth ar fywyd. Yr awgrym clir yw fod byw'r ffydd i ddigwydd mor naturiol fel nad yw'r ffyddloniaid yn ymwybodol o'u cariad tuag at eraill – mae mor naturiol ag anadlu. Ond nid priodas unplyg rhwng gair a gweithred yn unig yw stiwardiaeth dda; mae hefyd yn her ac yn wir yn alwad i eraill i ymateb yn debyg. Gwelwn ymddygiad 'naturiol' neu ddigymell, felly, yn gadarnhad o ymrwymiad y stiward i'w Arglwydd ond yr un pryd yn pwysleisio'r brys sydd i ymateb i'w alwad, 'pan ddaw Mab y Dyn'. Rhoi bri ac anrhydedd ar fywyd yw pwyslais Iesu Grist, a gwaith y stiward yw gweithredu felly yn y cylchoedd y mae'n troi ynddynt. Mae i feithrin sensitifrwydd i sefyllfa ac anghenion eraill yn ogystal â chreu cymdeithas sy'n gynhwysol a phawb â rhan ynddi. Dyma anghenion yn cael eu diwallu a'r dieithr yn cael eu derbyn. A beth ddywedodd Iesu am y cwpanaid o ddŵr oer (Mathew 10:42)?

5. Ofer ffydd heb weithredoedd

> Frodyr a chwiorydd, beth ydy'r pwynt i rywun honni ei fod yn credu, ac wedyn wneud dim byd o ganlyniad i hynny? Ai dyna'r math o 'gredu' sy'n achub rhywun? Er enghraifft, os ydych chi'n gweld brawd neu chwaer yn brin o ddillad neu heb fwyd, ac yna'n dweud, "Pob bendith i ti! Cadw'n gynnes, a gobeithio cei di rywbeth i'w fwyta." Beth ydy'r pwynt os ydych chi'n ei adael yno heb roi dim byd iddo? Mae 'credu' ar ei ben ei hun yn union yr un fath. Os ydy'r 'credu' ddim yn arwain at wneud rhywbeth, mae'n farw gelain.
>
> (Epistol Iago 2:14–17; b.n.)

Mae'n werth cofio geiriau Iesu Grist yn y cyswllt hwn am yr halen yn colli ei flas (Mathew 5:13–16) a'r goleuni dan lestr. 'Llewyrched eich goleuni' yw'r cyfarwyddyd.

Bu rhai'n amau lle Epistol Iago o fewn yr Ysgrythurau, yn bennaf oherwydd ei bwyslais ar weithredoedd. Ond mae ynddo gydbwysedd rhwng ffydd a gweithredoedd, a'i neges yw mai ofer, diwerth a difywyd yw sôn am ffydd os na fydd gweithredoedd cyson â hi yn dod i'r golwg. Mae'n amlwg felly fod disgyblaeth y ffydd arnom a'n hunanddisgyblaeth ninnau ynddi yn rhan annatod o'n ffydd. Dyma fesur o'n cyfrifoldeb fel stiwardiaid. Mae'n ddiddorol nodi enghraifft Iago wrth gyfeirio at y carpiog a'r prin o fara. Defnyddia enghreifftiau sydd wedi dod i'r amlwg drwy'r oesau o ffydd yn cyfarfod ag anghenion pobl, a hynny'n symbol o gariad Duw yn Iesu Grist yn cofleidio'r anghenus mewn ffordd gwbwl ymarferol. Mae rhoi'r Gair ar waith yn ein perthynas â'n gilydd ac â'n cyd-ddynion ar draws pob ffin sy'n gwahanu yn gwneud ein stiwardiaeth ninnau hefyd yn amlwg. Heb ei gweithredu, mae Iago'n ein rhybuddio na fydd ein ffydd o fawr werth.

Mae'r Ysgrythur yn glir, felly, fod yna ddisgwyliadau arnom i fyw'r ffydd. Nid crefydd ar gyfer y Sul yw ein Cristnogaeth, ond yn hytrach mae'n ffordd o fyw sy'n cynnwys ein bywyd cyfan. Mae'n gofyn ymdrech i groesi ffiniau, herio anghyfiawnder a bwrw i lawr ragfuriau. Ond fel yna y mae Duw yn ei wneud: mae ei haul yn cyrraedd y da a'r drwg, a'i law yn disgyn ar y cyfiawn a'r anghyfiawn. Mae gweithredu ein ffydd hefyd yn dangos ein bod yn ymddiried yn Iesu, mai ei ffordd ef yw'r ffordd o fyw sy'n arwain i'r bywyd llawn. Ffordd cariad, hyd yn oed drwy ddioddefaint, ydyw. Tasg y stiward, sydd wedi'i rwymo'i hun i ddilyn Iesu, yw **bod** yn newyddion da i eraill o'i gwmpas wrth fynd a dod bob dydd, gan ddefnyddio'i eiriau, ei weithredoedd a'i feddyliau.

Stori

(1) Roedd yn 19 oed ond edrychai'n llawer hŷn na hynny. Nid oedd ei hwyneb ond cnawd ac asgwrn, ac roedd cysgodion dwfn dan ei llygaid. Roedd yn amlwg ei bod mewn ofn. Yn ôl pob golwg, doedd hi ddim wedi cysgu, ymolchi nac wedi newid ei dillad ers dyddiau. Fe roddon ni bryd o fwyd iddi a diod poeth i'w hymgeleddu a'i bywhau. Cafodd gynnig bath a dillad glân. Yna, wedi iddi dawelu ac ymlacio, cawsom sgwrs gyda hi. Roedd yn ferch swil ac yn amharod i siarad llawer ond yn raddol, wrth iddi deimlo'n fwy cyfforddus, agorodd ei chalon.

Cafodd blentyndod hapus nes i'w thad farw a hithau yn ei harddegau cynnar. Fe'i collodd ef yn enbyd. Gwaethygodd pethau'n arw pan ffeindiodd ei mam gymar arall, a theimlai yntau'n ddig ei bod yn byw gyda nhw. Roedd yn yfwr trwm a chyn hir dechreuodd ei bwlio a'i bwrw pan nad oedd ei mam yno. Pan na allai oddef mwy, gadawodd hithau ei chartref a symud i fyw gyda chariad a gyfarfu yn y bwyty lle y gweithiai. Ond gwelodd yn fuan iddi neidio o'r badell ffrio i'r tân. Dangosodd yntau, y cariad, fod ynddo natur dreisgar. Disgwyliai iddi wneud popeth a ddymunai ef neu byddai'n gwylltio'n gacwn neu'n ei bygwth ag un o gyllyll ei gegin. Bygythiodd ei lladd petai'n ei adael. Ond i hynny y daeth pethau pan na allai oddef mwy; ffodd mewn dychryn wrth feddwl y gallai ef ddod o hyd iddi. Dyna, meddyliai, fyddai ei diwedd hi.

Ni allai droi at unrhyw un; os byddai'n aros gyda ffrindiau, gallai ei 'chyfaill' ei ffeindio ac ni allai barhau i weithio yn y bwyty – roedd ef yno. Roedd arian yn brin – dim digon i fforddio llety rhad. Roedd ar ei phen ei hun yn llwyr, a neb i droi ato na man i aros ynddo. Doedd dim amdani ond cysgu dan flanced mewn drws siop dan fygythiad y rhai oedd yn pasio heibio. Yna, daeth y tywydd oer a'i tharo hyd fêr ei hesgyrn. Doedd gwely am un noson ddim yn cyfarfod â'i hangen, ond yn y ganolfan cafodd gyfeillgarwch a'i thrin fel aelod o'r gymuned yno, a maes o law yn yr amser priodol dechreuodd gynllunio'i dyfodol.

Addasiad o lythyr Nadolig Byddin yr Iachawdwriaeth 2017 – gyda diolch.

(2) Dyma Marian Lloyd Jones, Capel y Groes, Wrecsam, yn sôn am y gwahaniaeth a wnaeth yr eglwysi i fywyd y dref wrth weithio gyda'i gilydd:

Ar ddechrau'r 1990au prin oedd lloches i'r digartref yn Wrecsam, ac roedd cynnydd yn y rhai oedd yn cysgu ar y stryd. Daeth cynrychiolwyr o wahanol eglwysi at ei gilydd i geisio gweld a oedd modd agor lloches. Cofiaf y dyddiau cynnar pan oeddem yn defnyddio cyn-ganolfan gymdeithasol ar Ffordd Holt yn y dref (dafliad carreg o dir Capel y Groes). Roedd tîm da o wirfoddolwyr yn edrych ar ôl y lle, a chafwyd rhoddion gan eglwysi'r dref – dillad gwely, tyweli, clustogau, ayyb. Roeddem yn cydweithio â Chyngor Wrecsam, ac yn fuan daeth adeilad mwy addas a pharhaol ar gael i ni ei ddefnyddio ar gornel Ffordd Caer. Enw'r lloches yw St John's. Rhoddwyd y gwaith ar seiliau cadarn gyda sefydlu WATCH (Wrexham Action Trust Christians for the Homeless). Roedd yno swyddog ar ddyletswydd ac roedd gwirfoddolwyr yn cymryd eu tro i fynd yno i helpu. Roedd aelodau o Gapel y Groes yn rhoi llawer o amser i'r fenter hon: Ieuan Evans a Glenys Roberts, ac enwi dau yn unig, a rhoddwyd plac tu allan i'r adeilad i'w cofio.

Fe gynyddodd y galw am gymorth a bu criw o aelodau Capel y Groes (Grŵp Craidd Trefnu Cymunedol Cymru) yn ymgyrchu am fwy o gynhaliaeth a darpariaeth i'r digartref, ac roedd y capel yn cael problemau gyda rhai digartref yn cysgu dan gysgodfan y prif ddrws. Agorwyd lloches arall, sef Tŷ Nos, gan Gymdeithas Tai Clwyd Alyn, mewn adeilad ar Ffordd Grosvenor, ac erbyn hyn maent wedi symud i'r adeilad ar Ffordd Holt oedd yn arfer cael ei ddefnyddio gan griw WATCH. Erbyn heddiw mae WATCH wedi peidio â bod fel grŵp, ac mae'r lloches ar Ffordd Caer yn cael ei gynnal gan Wallich, a sefydlwyd yn ardal Caerdydd. Nhw sy'n rhedeg lloches St John's ac mae Cymdeithas Tai Clwyd Alyn yn parhau gyda Tŷ Nos ac yn helpu'r rhai digartref. Ond mae problem digartrefedd wedi cynyddu yn Wrecsam yn ystod y blynyddoedd diwethaf, fel mewn llawer lle ar draws Cymru.

Rai blynyddoedd yn ôl sefydlwyd mudiad i fwydo'r di-do (i ddechrau, dan adain Byddin yr Iachawdwriaeth) ac mae Capel y Groes a'r Trinity (eglwysi Presbyteraidd Cymraeg a Saesneg yng nghanol tref Wrecsam) wedi bod yn rhan o rota i baratoi brechdanau a rhoi diodydd poeth i'r digartref. Mae'r eglwysi hyn yn parhau'n weithgar iawn yn y gwaith hwn a bellach defnyddir rhan o ysgoldy'r Trinity (ger gorsaf bysiau Wrecsam) fel man lle byddwn yn eu bwydo. Cyn hynny roeddem allan yn yr awyr agored mewn maes parcio ger Marchnad y Bobl.

Mae'n fraint cael gwneud y gwaith hwn yn enw Crist. Wrth weithio gyda'n gilydd fel eglwysi, rydym wedi medru ceisio ymateb i'r problemau sydd yn ein tref. Byddai wedi bod yn anodd iawn gwneud hyn fel eglwysi unigol. Mae datblygiadau eraill ar y gweill yn y dref, gyda galw am Loches Eglwys a Chymuned ar gyfer Tywydd Oer (Church and Community Cold Weather Shelter). Byddai hyn yn digwydd mewn cydweithrediad â Housing Justice a bydd adeiladau eglwysig yn cael eu hagor i gynnig lloches am dair noson yr wythnos. Bydd yn ddiddorol gweld sut fydd hyn yn datblygu yn Wrecsam.

Myfyrdod

Mae'r Testament Newydd yn gyson yn pwysleisio Iesu Grist fel ffynhonnell ein bywyd. Ef yw sylfaen ein ffydd a'n cred, ef sy'n ein hysgogi a'n hysbrydoli. Ef hefyd sy'n peri i ni ddal ati, gan gofio ein bod fel unigolion a chyda'n gilydd yn rhan o symudiad byw, deinamig y mae ef yn ei alw'n deyrnasiad Duw ym mywyd y byd. Yn union fel y mae egni bywyd mewn coeden yn dod i'r golwg mewn dail, blodau a ffrwyth, felly'n union y mae newyddion da Iesu Grist i ffrydio trwom i fath arbennig o fywyd sy'n fywyd o ddaioni a chyfiawnder, o gariad a thosturi, o gydymdeimlad a gobaith – bywyd glân fel ef ei hun ydyw. Mae hynny'n golygu nid yn unig estyn llaw i gyfeiriad pobl sydd mewn angen ond hefyd herio strwythurau cymdeithasol, diwylliannol, economaidd neu wleidyddol sy'n gormesu, yn tanseilio urddas a bywyd pobl eraill, a hyd yn oed y greadigaeth ei hun. Yng ngeiriau'r diwinydd a'r athronydd Keith Ward, 'If the Church is the body of Christ, its role is to love, forgive, seek out the lost and despairing, continuing the incarnation of Christ [who is] in each present through the Spirit.' Dyna beth yw **bod** yn newyddion da – i rywun neu rywrai eraill.

Gwaith stiward felly yw **bod** yn newyddion da, ac felly rhaid iddo/iddi ymddiddori mewn pynciau sy'n ymwneud ag ansawdd bywyd bro ac ardal, cenedl a byd, ac ymateb i ddylanwadau a phwerau treisgar sydd yn gweithredu yn lleol ac yn rhyngwladol. Yn rhy aml yn hanes Cristnogaeth, mae diogelu purdeb athrawiaeth a phwysigrwydd cyfundrefn wedi dallu'r Eglwys i'r ffaith mai gweithredu cariad a daioni yw ei thasg sylfaenol yn y byd. Yn ôl John Puleston Jones, y pregethwr dall, 'Ni wad neb nad ffrwyth crefydd sydd i benderfynu ei gwerth hi.' Felly, mae dilynwyr Crist i herio anghyfiawnder ac annhegwch lle bynnag y mae'r grymoedd hynny'n caethiwo neu'n gormesu, yn tanseilio neu'n malurio bywyd, boed yn lleol neu'n fyd-eang. Ond nid yw bob amser yn hawdd penderfynu beth sy'n gyfiawn neu'n anghyfiawn. Enghraifft gyfoes o hynny yw'r ddadl ynglŷn â phriodasau cyplau o'r un rhyw, sydd i rai'n fater o gyfiawnder gan fod rhywioldeb, fel lliw croen, yn perthyn i'n gwneuthuriad. Ond, i eraill, maent yn hollol groes i natur a threfn Duw yn ei fyd. Mae gwahaniaethau o ran argyhoeddiad yn anorfod ar adegau, ond mae'r stiward i gadw'i olwg ar holl bwrpas Duw yn Iesu Grist yn cyfannu bywyd ac yn cymodi'r holl greadigaeth ag ef ei hun. Weithiau, mae'n rhaid anghytuno mewn cariad, a goddef ein gilydd yn ein gwahaniaethau gan ochel pob tuedd i begynu rhag ein cael yn euog o rannu Corff Crist a rhwystro'i briod waith yn y byd.

Mae gweithredu yn erbyn anghyfiawnder yn rhan o'r frwydr ysbrydol yn erbyn pwerau hunanol sy'n cael eu hamlygu mewn trachwant, hunanoldeb, hunan-les a hunanfodlonrwydd (Effesiaid 6:10–18). Unwaith eto, daw geiriau'r Arglwydd i'r cof: bod angen i'w ddilynwyr 'ymwadu â nhw eu hunain a chodi eu croes'. Diddorol yw cyfieithiad beibl.net: 'stopio rhoi nhw eu hunain gyntaf. Rhaid iddyn nhw aberthu eu hunain dros eraill a cherdded yr un llwybr â mi' (Mathew 16:24). Mae gweithredu'r ffydd yn flaenffrwyth o'r bywyd sydd pan fydd ffordd Duw yn dod i'r golwg ym mywyd y byd. Mae stiward Crist i ymwneud nid yn unig â bywyd unigolion neu grwpiau, ond â'r cyhoeddus hefyd, er mwyn hyrwyddo agenda o gymod, daioni a chyfiawnder yn ôl meddwl Crist. Dylem weithio gydag eraill o fewn cymunedau sy'n rhannu'r un dyheadau â ni er mwyn cyrraedd amcanion teyrnasiad Duw ac felly bod yn dystiolaeth fyw a gweithredol. Ar y gwastad byd-eang, gwaith yr Eglwys, drwy fudiadau fel Cymorth Cristnogol, Tearfund ac ati, yw herio strwythurau a chyfundrefnau byd sy'n magu trachwant a hunanoldeb, ac felly'n tanseilio urddas bywyd. Busnes y stiward yw bod yn ffyddlon, waeth pa faint yw'r grymoedd sy'n ein herbyn.

Wrth gwrs, cysegru dawn, talent ac amser a wnawn, ac felly ni ddisgwylir i bob stiward wneud popeth. Ni all pawb weithio ym mhob maes, ond gallwn fel eglwysi gyda'n gilydd sicrhau bod pob maes yn cael ein sylw a'n hymroddiad. Mae rhywbeth o fewn cyrraedd pawb i hyrwyddo bywyd eglwys leol a'i thystiolaeth o fewn ei chymuned. Yn y dyddiau hyn pan nad oes gennym ond nifer bach o weinidogion a nifer aelodau ein heglwysi lleol yn lleihau, mae'n ofynnol ein bod yn sicrhau agenda stiwardiaid Crist gyda'n gilydd. Trychinebus ac anfaddeuol fyddai peidio gwneud hynny. Fel stiwardiaid, mae cyfrifoldeb arnom i gofleidio'r claf, yr anghenus, y galarus, yr anghenus a'r methedig, a gofalu ein bod yn gymdeithas gynnes, groesawgar, sy'n derbyn ac yn croesawu eraill. Ni allwn orbwysleisio pwysigrwydd y 'pethau bychain' sy'n gwneud y gwrando, y cydymdeimlo a'r cydlawenhau yn gyfleoedd i gyrraedd eraill. Mae maes gwaith y stiward felly yn eang; ar y gwastad personol ac eglwysig, y cymunedol, y cenedlaethol a'r byd-eang y mae i stiwardiaeth gyfrifoldeb sylweddol. Bu digon o feirniadu ar eiriau'r Esgob John Shelby Spong, ond efallai fod y rhai hyn o'i eiddo yn werth meddwl drostynt, 'The mission of the Christian Church is not to convert the world, but to call all who are part of the creation into fullness of life.'

Dysgwn felly fod **stiwardiaeth** yn golygu:

- byw'r ffydd mewn ffordd sy'n dangos Iesu, Arglwydd bywyd, i'r byd;
- gweithredu ein ffydd yn ein milltir sgwâr drwy ymddiddori yn ei phobl;
- nad oes ffiniau i'n consýrn o ran iaith, diwylliant, crefydd na phellter;
- mai 'gwasanaeth diamod' sy'n disgrifio gwaith y stiward;
- mai 'deled dy deyrnas' a 'gwneler dy ewyllys' yw ysgogiad a gweddi'r stiward;
- mai addoli cyson yw ffynhonnell ei gweledigaeth a'i hegni.

Trafodaeth

1. A yw'r eglwys heddiw yn rhy ofidus am ei pharhad ei hun i fyw ei ffydd yn effeithiol?

2. A oes yn eich ardal chi rai sydd wedi syrthio i blith lladron? Pwy yw'r lladron? Beth yw rôl y stiward fel Samariad?

3. Ar y gwastad byd-eang, pwy yw'r 'lladron'? Sut ddylen ni ymateb i ganlyniadau eu gweithredoedd?

4. Dywedir bod operâu sebon yn ddarlun o fywyd cymdeithas heddiw. O'u gwylio, pa gyfleoedd a welwch mewn digwyddiad neu sgwrs i sôn am y ffydd heddiw?

Gweddi

Bendigedig wyt ti, Arglwydd, am roi i ni ffydd i'w byw trwy:

wrando cri,
rannu cariad,
fyw tosturi,
herio drygioni,
herio anghyfiawnder,
herio anobaith.

Gwna ni'n gyfryngau bendith gan i ti ein bendithio mor hael yn Iesu Grist. Amen.

Emyn 870: 'Mae Iesu Grist yn aros'

Cydadrodd y Fendith.

PENNOD 6

Gwasanaethu'r Duw Byw: Y Presennol ar gyfer y Dyfodol

Pwrpas y bennod hon yw ystyried ein stiwardiaeth fel ein cyfraniad ni i hyrwyddo bwriadau Duw yn Iesu Grist.

Defosiwn

Emyn 852:   'Dros Gymru'n gwlad'

Darllen: Jeremeia: 31:31–4;
Hebreaid: 11:8–16

Gweddi

Arweinydd: Arglwydd, dy eiddo di yw amser ac nid yw mil o flynyddoedd ond fel doe i ti.

Pawb: **Nertha ni i ystyried ein dyddiau a meithrin ynom ddoethineb.**

Arweinydd: Arglwydd, rwyt ti'n cwmpasu ddoe, heddiw ac yfory. Ynot ti y daw'r gorffennol, y presennol a'r dyfodol yn un.

Pawb: **Nertha ni i ystyried ein dyddiau a meithrin ynom ddoethineb.**

Arweinydd: Diolchwn am ein doe, ei dystion a'i ddisgyblion a'u cyfraniad i wead patrwm bywyd ein gwlad a'n diwylliant.

Pawb: **Nertha ni i ystyried ein dyddiau a meithrin ynom ddoethineb.**

Arweinydd: Diolch am heddiw gyda'i her a'i ofynion, ei gyfleoedd a'i bosibiliadau.

Pawb: **Nertha ni i ystyried ein dyddiau a meithrin ynom ddoethineb.**

Arweinydd: Diolch am obeithion yfory, ei ddirgelwch, ei heriau a'i addewidion.

Pawb: **Nertha ni i ystyried ein dyddiau a meithrin ynom ddoethineb.**

Molwn di, Arglwydd amser a thragwyddoldeb. Diolchwn fod i ninnau ran yng nghadwyn y ffydd, gan sugno o etifeddiaeth ddoe ar gyfer byw heddiw a'i throsglwyddo, yn egni bywiol, i greu'r yfory sydd gennyt mewn golwg ar gyfer dy holl greadigaeth. Amen.

Cyflwyniad

Nid ffydd sy'n ffordd o fyw ar gyfer heddiw'n unig yw ein ffydd fel Cristnogion. Mae'n ein pwyntio ni tuag at y dyfodol y mae Duw wrthi'n ei lunio drwy i Iesu Grist ddod i'n byd. Buddsoddiad yw stiwardiaeth Gristnogol. Mae adnodau yn yr Efengylau sy'n sôn fod teyrnasiad Duw yn y byd wedi dod o fewn ein cyrraedd yn Iesu, ac eraill yn sôn ei fod eto i ddod yn ei gyfanrwydd. Mae'n rhaid hau'r had da a pharatoi at y cynhaeaf ym mhob cyfnod. Cyfrifoldeb y stiward yw hau had yr efengyl mewn ffordd sy'n cyffroi meddwl a dychymyg ei gyfnod fel cyfraniad at y nod terfynol. Ond nid yw dod â'r nod hwnnw i fod o fewn ein gallu. Daw Duw â'i deyrnasiad i'w lawnder yn ei amser ei hun (Actau 1:7; 1 Pedr 1:3–5; Datguddiad 21:1–2).

Mae llawer o sôn yn ein dyddiau ni am ansicrwydd y dyfodol, gyda'r ieuenctid a rhai hŷn yn ofidus wrth weld bygythion a chanlyniadau rhyfeloedd, gwasgfeydd economaidd a diweithdra, a phwysau bywyd cystadleuol. Yn sgil hynny, clywn am awydd a dyhead am well ansawdd i fyd a bywyd. Mae'r efengyl yn sôn fod ein stiwardiaeth heddiw'n golygu cydweithio â Duw yn y presennol i lunio byd gwell i'r rhai a ddaw ar ein holau. Felly, ymestyn ei deyrnasiad yw'r agenda, a nodweddion hynny, fel y bu i ni nodi droeon, yw cariad sy'n ei roi ei hun i eraill gan greu perthynas newydd rhwng pobl a'i gilydd. Ymunwn ag Ef yn y presennol gan wybod bod hynny'n gyfraniad at adeiladu ei yfory Ef – ei nef newydd, ei ddaear newydd a'i ddynoliaeth newydd yng Nghrist (Datguddiad 20:21; Hebreaid 11:8–14).

Mewn dyddiau o drai a dirywiad crefyddol tueddwn i golli golwg ar y dimensiwn hwn i'n ffydd. Mor aml yng ngwaith yr Eglwys yr ydym yn edrych yn ôl yn hiraethus ar ddoe honedig 'lewyrchus'. Mae i ddoe ei gyfaredd ei hun. Gall arferion ddoe, ei feddyliau, ei safonau a'i werthoedd fod yn rhwystr heddiw i wynebu'r dyfodol. Nid iaith ddoe yw iaith stiward er bod gan ddoe ei ysbrydoliaeth a'i wersi i ni. Iaith ddoe yw: 'Mi gadwn ni'r drws ar agor tra byddwn ni,' neu, 'Wedi i ni fynd, daw popeth i ben,' neu 'Does gynnon ni ddim plant, ieuenctid na theuluoedd, ac felly does dim dyfodol i ni.' Edrych yn ôl, disgwyl ddoe yn ôl, ac os na ddaw mae'r diwedd ar ein gwarthaf. Os credwn mai eiddo Duw yng Nghrist yw'r dyfodol, ymuno ag ef yn yr hyn y mae'n ei wneud heddiw yw tasg y stiward. Yr her yw bod yn stiwardiaid effeithiol a chyfrifol heddiw drwy feddwl yn greadigol ac yn bositif am rannu ein ffydd, a'i gweithredu mewn ffordd ymarferol sy'n cyffwrdd pobl ac sy'n arwydd o'n ffydd a'n hyder yn y dyfodol. Dywedodd ymwelydd â banc bwyd yn ddiweddar na fu iddo gredu yn Nuw ar hyd ei oes hyd nes y trodd at y banc am gymorth. Wedi profi'r croeso cynnes a'r cariad yn ogystal â'r rhoddion a dderbyniodd, teimlodd iddo weld Duw ar waith ac ni allai beidio â chredu. Mewn oes sy'n pwysleisio'r gweld a'r profi, mor bwysig yw'r awyrgylch a'r weithred ddaw â'r ffydd yn fyw i brofiad pobl.

Nodwn ddwy elfen yn unig yng nghyfrifoldeb stiward sy'n ymwneud â'r dyfodol y mae Duw wrthi'n ei lunio heddiw. Yn gyntaf, mae angen i ni wneud yn siŵr fod cadwyn ein ffydd yn cwmpasu nid yn unig ddoe a heddiw – y gorffennol a'r presennol – ond ei bod yn cyfeirio at ddyfodol bywyd ar ein daear. Bu 2017 yn flwyddyn o ddathlu tystiolaeth Martin Luther a Williams Pantycelyn, y naill yn dylanwadu ar Ewrop yn grefyddol, yn gymdeithasol ac yn economaidd, a'r llall ar Gymru, yn grefyddol ac yn gymdeithasol. Rhaid diolch amdanynt a chyfoeth eu cyfraniad sy'n etifeddiaeth glodwiw i ni.

Y dasg wedyn yw holi: beth yn yr etifeddiaeth hon sy'n hanfodol i'n hysgogi a'n tywys i ddyfodol gwahanol yn yr oes sydd o'n blaenau ni a'n plant? Hynny yw, beth yw perthnasedd ffydd a etifeddwyd wrth lunio'r dyfodol, boed ar gyfer Ewrop neu Gymru, yn 2023 ac ymlaen? Pa fath ddyfodol yw hi i fod? Mae perthnasedd yn air pwysig i stiward. Yn ail, ac yn dilyn hynny, dywed Efengylau'r Testament Newydd fod teyrnasiad Duw yn ei fyd, y gobaith y mae'r Hen Destament yn cyfeirio ato, wedi dod yn agos atom yn Iesu; maent hefyd yn dweud y daw yn ei lawnder. Nid yw'r ddinas ac iddi sylfeini wedi ei chwblhau eto ac mewn un ystyr, felly, mae neges y Testament Newydd yn anorffenedig. Cawn ein hunain yn y cyfnod rhwng y disgwyl yn y Testament Newydd a phan ddaw'r deyrnas yn ei llawnder yn amser Duw ei hun. Dyma roi ysgogiad a chymhelliad i ni fel stiwardiaid i hybu dyfodiad teyrnasiad Duw i'w fyd yn ei gyfanrwydd, ac aiff hynny â ni y tu hwnt i ffiniau iaith, diwylliant a thraddodiad, er nad yw'n eu diddymu, i chwalu'r gwahanfuriau a'u gallu i gulhau gweledigaeth a chyfyngu ei fwriadau Ef. Mae gan yr Arglwydd ragor o drysorau ei ras i'w datguddio inni ar ein taith gydag ef.

Fel y gwelsom ym Mhennod 3 ein gorchwyl yw ymgodymu â phob rhwystr i ledaeniad teyrnas cariad, maddeuant, cymod a chyfiawnder, boed y rheini oddi mewn neu oddi allan i'r Eglwys, a hynny er mwyn lledaenu'r wawr o obaith newydd a dorrodd ar ddynoliaeth gyda dyfodiad Iesu Grist ac yn benodol yn dilyn ei atgyfodiad. Yn wir, efallai mai ar y pethau sydd y tu allan i'r Eglwys ym mywyd ein cymunedau, ein cenedl a'n byd, y dylai ein golwg a'n hegni gael eu cyfeirio'n bennaf, ac nid ar strwythurau a phatrymau eglwysig. Bydd angen diwygio'r rheini i gyfarfod â chyfleoedd cyfoes.

Neges y Beibl

1. Cymuned Pobl Dduw

Ym mhennod agoriadol y Beibl clywn am ofal a chariad Duw tuag at yr hyn a greodd (Genesis 1:4, 10, 12, 21). Llwyfan yw'r greadigaeth i waith creadigol parhaol Duw:

> Dyma'r Arglwydd yn dweud wrth Abram, "Dw i am ti adael dy wlad, dy bobl a dy deulu, a mynd i ble dw i'n ei ddangos i ti. Bydda i'n dy wneud di yn genedl fawr, ac yn dy fendithio di, a byddi'n enwog. Dw i eisiau i ti fod yn fendith i eraill. Bydda i'n bendithio'r rhai sy'n dy fendithio di ac yn melltithio unrhyw un sy'n dy fychanu di. A bydd pobloedd y byd i gyd yn cael eu bendithio trwot ti."
>
> (Genesis 12:1–3; b.n.)

Mae galwad Abram yn un o gerrig sylfaen y ffydd Iddewig. Yma y clywn am ffurfio cenedl o bobl i'r Arglwydd. Mae'r pwyslais ar Dduw yn bendithio Abraham er mwyn iddo ef ei hun fod yn fendith i eraill – yn wir, i holl bobloedd daear. Mae pwrpas Duw yn ddigon clir, sef ffurfio cymuned neu genedl o bobl y byddai cenhedloedd daear drwyddi yn dod i sylweddoli ei gariad a'i ddaioni, a'r holl bobloedd yn dod i'w adnabod. Mae'r Testament Newydd hefyd yn pwysleisio bod yr Eglwys yn gymuned newydd, yn 'Israel newydd' o bobl Dduw yn Iesu Grist. Mae hithau i fod yn arwydd o'i fwriadau a'i waith yn cymodi'r byd ag Ef ei hun, ar gyfer heddiw ac yfory:

> Roedd pawb oedd yn credu yn teimlo'u bod nhw'n un teulu, ac yn rhannu popeth gyda'i gilydd. Roedden nhw'n gwerthu eu heiddo er mwyn gallu helpu pwy bynnag oedd mewn angen. Roedden nhw'n

dal ati i gyfarfod bob dydd yng nghwrt y deml, ac yn bwyta a dathlu Swper yr Arglwydd yn nhai ei gilydd. Roedden nhw'n moli Duw, ac roedd agwedd pobl tuag atyn nhw yn bositif iawn. Roedd mwy a mwy o bobl yn ymuno â nhw, ac yn cael eu hachub gan Dduw, bob dydd.

(Actau 2:44–7; b.n.)

Mae Llyfr yr Actau yn rhoi i ni ddisgrifiad byw iawn o ymroddiad yr aelodau ac ansawdd bywyd y gymdeithas ddaeth i fod yn dilyn atgyfodiad Iesu a rhyddhau ei egni i fywyd y byd. Un nodwedd o'u bywyd oedd eu hundod fel un teulu. Daw hynny i'r golwg yn eu gofal am ei gilydd ac nad oedd angen ar neb yn eu plith. Nodwedd arall yw grym eu tystiolaeth i atgyfodiad Iesu a hynny ym mysg ei gilydd ac yng ngŵydd pawb o'u cwmpas. Roeddent yn datgan eu neges gyda brys ac yn daer. Roedd eu haddoli a'u torri bara yn frwd, a llawenydd yn amlwg yn eu bywyd. Roeddent hefyd yn fawr eu hawydd i rannu eu profiadau a'u gweledigaeth ac yn egnïol dros eu hargyhoeddiadau. Pobl oeddent oedd wedi cael blas cyffrous a chwyldroadol ar yr yfory newydd y mae Duw wrthi'n ei lunio.

Mae eu hegni a'u brwdfrydedd heintus, a'u llawenydd a'u dycnwch i ddod i'r golwg hefyd ym mywyd stiwardiaid pob oes. Dyma arwyddion o Dduw yn creu ei gymuned newydd. Mae'n bwysig fod cymuned y rhai sy'n credu yn un, â chynhesrwydd ei haddoliad a'i chroeso'n denu eraill fel y gall 'yr Arglwydd ychwanegu beunydd' at y rhai sy'n credu. Efallai mai'r her fwyaf i'r Eglwys Gristnogol heddiw yw creu cymunedau newydd o gynhesrwydd a chroeso lle caiff pobl eu derbyn yn ddiamod a digwestiwn a heb ddisgwyl dim ganddynt. Ar gefndir cymaint sôn am unigrwydd a cholli cyswllt heddiw, bydd cwmnïa o'r fath yn adfer teimlad o berthyn, o fod yn cyfrif a bod ag urddas a gwerth.

Ac onid dyna yw'r efengyl Gristnogol? Cymunedau felly sy'n arwydd o werthoedd a grym bywyd dan deyrnasiad Duw ac yn gyfraniad at iddo ddod i'w lawnder. Braint y stiward a'i gyd-stiwardiaid yw hybu'r gymdeithas newydd hon o berthyn yng Nghrist, heb ddisgwyl dim, ond cyflawni ei bwrpas ef. Efallai nad capel sydd ei angen ond siop wedi'i haddasu i fod yn fan cyfarfod am goffi/te a chlonc, cwmnïaeth a chynhesrwydd, rhannu sgwrs a phrofiad, â man neilltuol yno ar gyfer tawelwch, gweddi ac addoliad – cymuned sy'n gysur ac yn obaith, ac yn addewid i'r dyfodol. Sonia Paul am dderbyn Ysbryd Duw fel 'rhagflas' neu 'addewid' o fywyd yn ei lawnder yng

Nghrist, a dyna yw cymuned addolgar sy'n gymuned cysur a gobaith mewn cymdeithas seciwlar, galed ac oer (2 Corinthiaid 1:22, 5:5; Effesiaid 1:14). Dyna eiriau cyforiog o ystyr: yr Eglwys yn rhagflas o addewid o dderbyniad Duw, 'heb gyfrif iddynt eu pechodau'.

2. Partneriaeth â Duw

Dymuniad y Duw Byw yw gweithio gyda'i bobl, a thrwy ei bobl. Felly y daw'r dyfodol y mae Ef yn gweithio tuag ato i fod. Ffyddlondeb a theyrngarwch ei bobl yn cael eu hegnïo ganddo ef ei hun yw'r arf gryfaf sydd ganddo. Daw hyn i'r amlwg yn y damhegion y mae Marc yn eu rhannu â ni. Tasg y stiward yw hau'r had, ac o wneud hynny gofala Duw y bydd cynhaeaf:

> Gofynnodd wedyn, "Sut mae disgrifio teyrnasiad Duw? Pa ddarlun arall allwn ni ddefnyddio? Mae fel hedyn mwstard yn cael ei blannu yn y pridd. Er mai dyma'r hedyn lleia un, mae'n tyfu i fod y planhigyn mwya yn yr ardd. Mae adar yn gallu nythu a chysgodi yn ei ganghennau!"
>
> (Marc 4:30–32; b.n.)

Mae Dameg yr Heuwr (Marc: 4:1–9) yn ein sicrhau y bydd rhwystrau, gan y bydd arwynebedd amrywiol, tir caregog a didyfiant, chwyn yn tagu, a llwybrau caled yn crebachu'r tyfiant. Ond er bod rhwystrau y gellid eu gweld fel gwastraff had yn anorfod, mae'r addewid y bydd cynhaeaf llawn mewn tir toreithiog. Mae'r ddwy ddameg yn addo cynnydd sy'n arwyddion o'r deyrnas yn dod yn ei llawnder fel y goeden fwstard, pryd y bydd cysgod i'r adar nythu, croeso i holl genhedloedd daear yn ei changhennau.

Y pwynt y mae'n rhaid i'r stiward ei gofio ydi mor bwysig yw dal ati i hau ym mhob ffordd bosib drwy ei weithredoedd a'i eiriau, ei ddychymyg, ei feddyliau a'i ewyllys. Disgrifio'r rheini a wnaethom yn gynharach yn yr astudiaethau hyn: hybu'r deyrnas, ei bywyd a'i hegwyddorion, drwy feddwl Crist, rhannu ei galwad a'i her, bod yn newyddion da ac wynebu cwestiynau trwm yr oes. Cysur i'r stiward yw mai Duw ei hun sy'n creu argyhoeddiad ac yn peri cynnydd (2 Corinthiaid 9:9–10). Ofer fydd i ni ymdroi gyda theimladau o fethiant gan fod popeth 'yn gweithio er daioni' (Rhufeiniaid 8:28) ac nad yw ein 'llafur yn yr Arglwydd yn ofer '(1 Corinthiaid 15:58; BCN). Mae'r Testament Newydd yn pwysleisio felly berthynas o bartneriaeth rhwng

Duw yng Nghrist a'i bobl er mwyn lledaenu'r dyfodol newydd y mae ef yn ei fwriadu i'w fyd a'i bobl. Wrth reswm, nid partneriaeth gyfartal mohoni. Stiwardiaid neu ymddiriedolwyr ydym ni. Mae Duw yn ei ras yn dymuno gweithio trwy ei bobl a chyda'i bobl. Y fraint aruchel i ni ydyw ein bod yn 'gyd-weithwyr' Duw, serch ein bod ar y gorau'n weithwyr anfuddiol.

3. Gweithio gan ddarparu

Dameg ddiddorol ac awgrymog o eiddo Iesu yw Dameg y Deg Geneth – pump ohonynt yn gall a phump yn ffôl. Y gwahaniaeth rhyngddynt oedd bod rhai'n ddigon hirben i fod wedi paratoi'n ddigonol drwy ofalu bod ganddynt ddigon o olew yn eu lampau os deuai'r priodfab yn hwyr i'r briodas. Ond nid felly'r lleill:

> "Ond tra oedden nhw allan yn prynu mwy o olew, dyma'r priodfab yn cyrraedd. Aeth y morynion oedd yn barod i mewn i'r wledd briodas gydag e, a dyma'r drws yn cael ei gau.
> "Yn nes ymlaen cyrhaeddodd y lleill yn ôl, a dyma nhw'n galw, 'Syr! Syr! Agor y drws i ni!' Ond dyma'r priodfab yn ateb, 'Wir, dw i ddim yn eich nabod chi!'
> "Gwyliwch eich hunain felly! Dych chi ddim yn gwybod y dyddiad na'r amser o'r dydd pan fydda i'n dod yn ôl."
> (Mathew 25:10–13; b.n.)

Cyrhaeddodd y priodfab yn hwyr. Caewyd y drysau arnynt tra oeddent yn chwilio am yr olew angenrheidiol, a dyna golli eu cyfle i fod yn rhan o'r wledd briodas. Mae'n bwysig felly i stiward Crist ddarparu'n ddigonol, gan na wyddom pryd y daw prawf arnom ac i ninnau fethu cyfle. Roedd yr Eglwys Fore yn disgwyl Iesu'n ôl yn fuan, ac mae'n bosib fod y traddodiad y tynnai Mathew arno yma'n gweld yr amser yn rhedeg a ffydd rhai yn oeri.

I ni heddiw, mae'n bwysig gofalu bod gennym yr adnoddau i ddal ati gan na wyddom pryd nac ar ba achlysur y daw Iesu atom. Mae darparu'n ddigonol yn cynnwys sicrhau ein cynhaliaeth ysbrydol, ffynhonnell ein hegni a'n gweledigaeth fel stiwardiaid. Gall Iesu ddod atom mewn pobl eraill yn holi, neu mewn argyfwng neu'n chwilio am ffydd (Mathew 10:42), neu ateb i gwestiynau trwm, cyhoeddus neu bersonol. Daw atom yn ein sefyllfa o ddirywiad gan ofyn, 'Oni wyddoch arwyddion yr amserau?' neu 'Ydych chi'n 'nabod ac yn deall eich cyd-destun ac yn darparu ar gyfer hynny?' (Mathew 16:3) Daw atom yn bersonol i gryfhau ein ffydd a'n hannog i ddiogelu ein stôr ysbrydol rhag i ni fethu cyfle i ymestyn ei deyrnas. Rhaid i'r stiward fod yn effro ac yn fyw i'w sefyllfa wrth baratoi heddiw ar gyfer yfory.

4. Dyfodol – serch rhwystrau

Soniwyd bod rhwystrau yn anorfod. Daw rhai ohonynt oherwydd bod yr efengyl yn fygythiad i'r drefn sy'n bodoli, fel yn hanes Paul yn Philipi (Actau 16:16–40) ac eto yn Effesus (Actau 19:21–34), neu'n her i deithi meddwl oes ac amser, fel yn hanes Paul yn Athen (Actau 17:32). Erbyn heddiw, mae cwestiynau dwys o du gwyddoniaeth neu athroniaeth yn rhwystrau i rai. Dro arall, mae rhai'n dewis tywyllwch yn fwy na'r goleuni, a hynny o gymhelliad hunanol neu hunanganolog. Mae caethiwo ar fywyd drwy anghyfiawnder ac annhegwch, poen a dioddef; mae casineb, gelyniaeth a gwenwyn ac mae ofn, diffyg ymddiriedaeth, dealltwriaeth a pharch rhwng pobl, ac felly mae hen hanes a methiant i faddau a chymodi yn gwneud ein dyfodol yn dywyll. Nid yw'r greadigaeth na dynoliaeth eto'n mwynhau bywyd crwn, llawn a chyfan. Maent mewn caethiwed. Roedd Paul yn byw mewn cyfnod pan oedd pobl yn credu bod yna bwerau cuddiedig o fewn y greadigaeth oedd yn caethiwo ar fywydau pobl, os nad yn eu rheoli:

> Nid â meidrolion yr ydym yn yr afael, ond â thywysogaethau ac awdurdodau, â llywodraethwyr tywyllwch y byd hwn, â phwerau ysbrydol drygionus yn y nefolion leoedd.
>
> (Effesiaid 6:12; BCN)

Rydym ninnau'n byw mewn cyfnod digon tywyll. Ond mae stiwardiaid Crist yn credu mai ei eiddo ef yw'r dyfodol ac iddo orchfygu pwerau'r tywyllwch. Mae goleuni ei deyrnasiad ef, yn arbennig wedi'r groes a thrwy ei atgyfodi, yn drech na'r tywyllwch. Ac felly, mae tasg y stiward yn byw bywyd y deyrnas, yn 'byw yng Nghrist', yn hysbyseb gyda'r egluraf posibl i rym y ffydd. Mae'n dystiolaeth fyw iddi mewn bywyd personol a chyhoeddus, a'n hufudd-dod fel stiwardiaid yn ernes o'n ffydd yn nyfodol byd a bywyd dan deyrnasiad y Crëwr ei hun.

Mae ein methiant fel Cristnogion unigol ac fel enwadau i wasanaethu'r un Arglwydd gyda'n gilydd yn rhwystr, ac mor aml yn tanseilio'r ffydd. Mor hawdd ydyw i ieuenctid, yn ogystal â rhai hŷn, weld ein methiannau o ran gwerthoedd ac ymddygiad, a theimlo nad cywir ein ffydd. Gall cryfder ffydd sy'n ein gwneud yn ddall i safbwyntiau gwahanol fod yn rhwystr, a chofiwn eiriau llym Iesu ynglŷn â bod yn rhwystr i eraill, yn enwedig plant (Mathew 18:6–9).

Serch yr holl rwystrau posibl, mae'r stiward o Gristion yn sicr ei gred mai yn llaw Duw yng Nghrist y mae'r dyfodol; mae hynny'n sbardun ac yn ysgogiad iddo'i roi ei hun yn fwy llwyr a llawn i ledaenu'r newyddion da am deyrnasiad Duw. Nid yw rhwystrau'n rheswm dros laesu dwylo a pheidio ag wynebu her, gan adael y cwbwl i Dduw; cofiwn mai dilyn ffordd partneriaeth yw ei ddymuniad ef. Dyma felly'r lle canolog sydd i rôl a gwaith stiward, yn arbennig o gofio fod Duw yn dal i adeiladu ei ddyfodol newydd

5. Y Dyfodol

I Paul mae ein tasg fel stiwardiaid yn un glir: hyrwyddo'r cymod a wnaeth Duw â'i fyd yn Iesu Grist. Nid dyfalu ai yma neu acw, ai heddiw neu yfory y daw'r deyrnas i'w llawnder – y nef newydd, y ddaear newydd a'r ddynoliaeth newydd yng Nghrist:

> Bellach dŷn ni wedi stopio edrych ar bobl fel mae'r byd yn gwneud. Er ein bod ni ar un adeg wedi edrych ar y Meseia ei hun felly, dŷn ni ddim yn gwneud hynny mwyach. Pan mae rhywun yn dod yn Gristion mae wedi'i greu yn berson newydd: mae'r hen drefn wedi mynd! Edrychwch, mae bywyd newydd wedi cymryd ei le! A Duw sy'n gwneud y cwbl – mae wedi gwneud heddwch rhyngon ni ag e'i hun drwy beth wnaeth y Meseia. Ac mae wedi rhoi'r gwaith i ni o rannu'r neges gyda phobl eraill. Ydy, mae Duw wedi sicrhau heddwch rhyngddo fe'i hun â'r byd drwy beth wnaeth y Meseia.
>
> (2 Corinthiaid 5:16–19; b.n.)

Tasg stiward yw gweithio ym mhob ffordd i hyrwyddo gwawr newydd i ddynoliaeth drwy godi pontydd rhwng Cristnogion a'r byd, fel y gall rannu'r neges am gymod yng Nghrist. Creu dyfodol newydd drwy orchfygu drygioni â daioni ar bob gwastad o fywyd. Rhoi cyfle i lawnder bywyd teyrnasiad Duw ddod i'r golwg ac, fel y gwelsom, mae'n gwneud hyn yn egni Duw ei hun. Wedi'r Rhyfel Byd Cyntaf canodd Cynan, y bardd, i Fab y Bwthyn ac ar gefndir y casineb, y creulondeb a'r dioddef meddai, 'Oni wyddost am

Ffordd well?' Wrth ystyried ein gwaith fel stiwardiaid heddiw ar gyfer yfory, hyrwyddo agenda cymod yw'n tasg fel Cristnogion – y cymod yng Nghrist ddaeth drwy'r groes a bywyd ei atgyfodiad. Mae bywyd y stiward yn rhan o'r bywyd newydd hwnnw, ac efallai y bydd yn rhaid iddo yntau, fel Paul, 'fod yn barod i ddioddef gydag e hefyd' (Rhufeiniaid 8:17). Wrth ysgrifennu at y Philipiaid, meddai, 'Eich braint chi ydy dim yn unig credu yn y Meseia, ond hefyd cael dioddef drosto.' Gweithio gwaith y deyrnas heb gyfrif y gost na chwilio am wobr, ar wahân i'r fraint o gydweithio ag ef i ledaenu ei deyrnasiad, yw galwad a braint y stiward o Gristion (Philipiaid 1:29–30).

Stori

Pan ddechreuais gyda'r gweithdai, roedd tîm yr oeddwn i'n gweithio iddo, sef Medair, yn byw yn un o rannau gwaethaf Rwanda – ryw fath o 'Warsaw Ghetto', a dweud y gwir, lle afiach y cadwyd y Twtsis ynddo gan obeithio y bydden nhw'n marw o afiechyd. Yn ystod yr hil-laddiad fe laddwyd 60% o boblogaeth y dref honno. Roedd y lle fel un fynwent fawr. Lle dychrynllyd oedd o gyda rhai cyrff yn dal i orwedd o gwmpas heb eu claddu.

Eistedd yr oeddem mewn grwpiau bach yn siarad ac yn clywed hanesion ofnadwy. Yn syml iawn wedyn, dechrau rhannu chydig o'm mhrofiadau fy hun. A'm cyfieithydd – dyn arbennig a fu'n ddarlithydd mewn Prifysgol – yn dweud mai dyma'r ddysgeidiaeth a oedd ei hangen arnyn nhw i iacháu eu calonnau.

'Mae'r pethau hyn yn bwysig ac rwy'n meddwl y dylai pawb yn y wlad gael cyfle i glywed y ddysgeidiaeth arbennig yma. Gallai dynnu i lawr y muriau rhyngom ni.'

Gweddïais yn daer gan ofyn i Dduw a oedd yna obaith. Yna teimlais dri pheth yn gryf wrth wrando ar yr hyn a oedd gan Dduw i'w ddweud wrthyf.

Oes, mae yna obaith, achos dyna ydi enw Duw: 'Bydded i Dduw y gobaith' (Rhufeiniaid 15:13). Allai Duw ddim bod yn wahanol i'r hyn ydyw wrth natur. Ble bynnag y mae Duw, yno mae gobaith. Mae Duw yn rhoi gobaith yng ngwaith gorffenedig Iesu Grist ar groes Calfaria. Mae popeth sydd ei angen i gymodi wedi cael ei gyflawni ar groes yn barod. Mae'r Ysbryd Glân yn parhau i dystio i effeithiolrwydd y gwaith a gyflawnwyd.

Dydi Duw ddim wedi anobeithio ynddo Ef. Mae Duw'n credu yn ei eglwys er gwanned ydi hi; mae'n gallu ei hadfer a'i chodi ar ei thraed, gan ei gwneud yn gyfrwng iachâd a chymod drwy'r wlad.

Rhiannon Lloyd, *Llwybr Gobaith: antur cymodi o Gymru i'r byd* (Caernarfon, 2005), tt. 73–4.

Stori wahanol am hau hadau gobaith ddaw o Bolivia, lle bu llifogydd mawr yn 2014, a gyda chymorth Soluciones Practicas, partner Cymorth Cristnogol yn y wlad, dyma stori Julian Chao, 35 oed a thad i ddau o blant:

> 'Dw i'n ddiolchgar gan na ddaeth yr un sefydliad arall i helpu ein cymuned ni.' Collodd y teulu eu cnydau a llawer o'u hanifeiliaid yn y llifogydd, a chariodd Julian ei deulu i ddiogelwch y trawstiau hyd nes i'r dyfroedd gilio. 'Drwy'r Soluciones,' meddai, 'cefais hadau banana, afal pin, cnau mwnci a cacoa er mwyn dechrau ar system newydd agro-goedwigaeth.' Mae'r hadau yn tyfu'n dda a byddant yn rhoi bwyd i Julian a'i deulu. Mae llawer o'r hadau'n rhai sy'n tyfu'n sydyn, sy'n golygu y gall Julian gynaeafu a chadw cnwd ar gyfer diwrnod gwael.
>
> (*Gyda diolch i Gymorth Cristnogol*)

Dyma stori o Fangor:

Fel rhan o raglen y llywodraeth i dderbyn ffoaduriaid o ryfel Syria, mae tua wyth teulu wedi'u cartrefu yn ardal Bangor. Mae yna grŵp Cytûn gweithgar yn y ddinas, a gofynnwyd sut gallem fel eglwysi gefnogi'r ffoaduriaid, yn unol â'r siars Feiblaidd, 'Dylech chithau hefyd ddangos cariad at fewnfudwyr' (Deuteronomium 10:19). Rydym wedi ein cysylltu efo grŵp cefnogi ffoaduriaid lleol – 'Pobl i Bobl Bangor'. Mae Cytûn hefyd yn gweithio i gysylltu ardal Bangor efo 'Ardaloedd Noddfa' eraill Cymru, sy wedi ymrwymo i gynnig croeso a chefnogaeth i bobl o dramor sy wedi cartrefu yn ein plith.

Beth felly mae 'croesawu ffoaduriaid' yn ei olygu i gynulleidfa Gymraeg draddodiadol ym Mangor? Mae yna awgrymiadau gan gorff Ardaloedd Noddfa:

Sut allai eich sefydliad neu eich grŵp groesawu pobl sy'n ceisio noddfa?

Gwahodd rhai sy'n ceisio noddfa neu rai o dramor i'ch gweithgareddau.

Codi ymwybyddiaeth o brofiadau ffoaduriaid a phobl o dramor.

Ystyriwch wahodd rhywun sy'n ceisio noddfa i siarad â'ch grŵp.

Dod â phobl at ei gilydd:

Mae llawer o weithgareddau'n elwa ar gynnwys pobl o wahanol ddiwylliannau a rhannu syniadau/profiadau.

Gofalu am eich gilydd:

Codi arian ar gyfer elusen ffoaduriaid neu bobl o dramor.

Wedi trafod efo'r bobl sy'n cefnogi'r ffoaduriaid, penderfynwyd rhoi tocyn siop yn rhodd Nadolig, un i bob teulu, oddi wrth yr eglwys; a gwahoddwyd y teuluoedd i ddod efo'u plant i barti Nadolig plant y capel.

Gweithgareddau eraill mae Pobl i Bobl wedi bod ynglŷn â nhw yw Clwb Saesneg yn ystod gwyliau'r ysgol yn festri un o'r capeli lleol, a gwersi Saesneg anffurfiol. Mae dillad a nwyddau yn cael eu casglu yn gyson. Mae'r dillad, pramiau, bagiau ac ati yn cael eu didoli gan wirfoddolwyr; yna drwy gydweithio efo grwpiau eraill ym Mhrydain, cânt eu gyrru fesul lorri i'r man lle mae'r angen mwyaf – Ynysoedd Groeg, Calais ac ati. Bu rhai o'r grŵp yn gweithio mewn ceginau yn bwydo ffoaduriaid mewn mannau yn Ewrop.

Rhai cynlluniau i'r dyfodol yw arddangosfa o gelf Syriaidd yn Storiel yn yr hydref, a chynllun i noddi un teulu yn gyfan gwbl drwy'r gymuned (yn ychwanegol at y teuluoedd a noddir gan y llywodraeth). Mae ein heglwys ni yn falch o ymuno â Cytûn a Pobl i Bobl yn y gwaith pwysig yma.

Delyth Oswy-Shaw

Tasg y stiward o Gristion yw hau hadau gobaith, beth bynnag ei gyd-destun, ac wrth iddynt dyfu maen nhw'n creu yfory newydd, sicrach.

6. Myfyrdod

Fel y gwelsom yn y bennod hon, mae gorwelion ffydd y Cristion yn rhai eang iawn. Dywed Paul wrthym eu bod gyfled â'r holl greadigaeth ei hun (Colosiaid 1:15–20). Yn ôl Pedr, maent y tu hwnt i fyd amser hyd yn oed (1 Pedr 1:3–6). Gwelwn ein gwaith fel stiwardiaid felly'n gyfraniad at banorama eang gwaith y Duw Byw. Nid cyson â galwad y stiward yw byw yn oddefol, ond yn hytrach fyw gan weithredu ei ffydd a bod ei hunan yng Nghrist yn rhagflas o'i wawr newydd ef yn y byd cyfoes. Symudiad creadigol ac nid sefydliad ceidwadol yw'r Eglwys Gristnogol, gan ei bod yn fynegiant gweledol i'r byd o'r dyfodol newydd y mae Duw wrthi'n ei greu.

Yn ein hoes ni gwelwn enghraifft dda o hyn yn rhan yr eglwysi yn nymchwel apartheid yn Ne Affrica a gwaith y Comisiwn Heddwch a Chymod fu'n cydnabod erchyllterau'r gorffennol er mwyn llunio dyfodol newydd gan ddiosg casineb a thrais y gorffennol. Enghreifftiau eraill yw gweinidogaeth Martin Luther King yn erbyn yr anghyfiawnder a ddioddefai pobl dduon yn America, a dewrder Dietrich Bonhoeffer yn sefyll yn erbyn Natsïaid yr Almaen. Blaenffrwyth o fywyd yn nheyrnas Crist yw'r ymdrechion hyn, ernes o'r hyn sy'n bosibl ydynt ac arwyddion o stiwardiaeth Gristnogol dda.

Mae'r stiward yn perthyn i oes ac amser, i gyd-destun penodol. I ni, Cymru'r unfed ganrif ar hugain yw'r oes honno. Mae ymwybod â sut y bu i stiwardiaid yr oesoedd wynebu heriau eu dyddiau nhw yn cyfeirio'n meddyliau ac yn sbardun i ni. Gall eu hesiampl a'u ffyddlondeb fod o help mawr i ni, ond wynebu her bywyd yng nghymunedau Cymru a'r byd yn y ganrif hon yw'r alwad arnon ni. Rhai o bwerau'r tywyllwch yn ein maes ni, er enghraifft, yw tlodi, digartrefedd, cam-drin pobl, ysbeilio pobl o'u hurddas a'u gwerth, a'r bygythiad i'r greadigaeth a phwnc rhyfel a heddwch. Y rhain sy'n rhoi ystyr i'r gair 'pechod' yn ein dyddiau ni. Gŵyr y stiward beth yw cydsefyll â'r dioddefwyr. Gŵyr beth yw sefyll ochr yn ochr â Christnogion a phobloedd eraill drwy'r byd, megis yng nghanol cyflafan Syria ac Wcráin, a'r Dwyrain Canol, crud ein ffydd, neu Ynysoedd Môr y De, sydd mewn perygl o gael eu boddi wrth i dymheredd y byd godi, neu'r Dwyrain Pell, pan fo bygythiad i chwalu bywyd yn gyfan gwbl, ei urddas a'i werth. Mae'r stiward a'i gyd-stiwardiaid yn wynebu pwerau'r tywyllwch, lle bynnag y maent, â gwawr newydd Duw sydd i dorri ar bob rhan o'r byd cyfan. I ni, Gristnogion, mae gan waith Cymorth Cristnogol a Tearfund, heb sôn am elusennau eraill, ran mor bwysig yng ngwaith y stiward yn rhannu gwybodaeth, yn cynllunio, yn herio caethiwed o bob math, yn gwahodd ymateb ac yn paratoi at yfory newydd Duw.

Ond, er cymaint ein rhan fel stiwardiaid yn Gristnogion unigol, cofiwn hefyd fod y gymuned Gristnogol yr ydym yn perthyn iddi yn gymuned o stiwardiaid, ac yn wir yn rhan o gymunedau tebyg ledled y byd. Rydym felly i sefyll gyda'n gilydd fel cyd-stiwardiaid, cynnal ein gilydd, calonogi ac ysgogi ein gilydd gan fod yn flaenffrwyth ac yn addewid teyrnas Dduw i'r dyfodol. Ymuno yng ngwaith y Duw byw a wna stiward wrth i ni ei ganfod ef ar waith yn ein plith. Ni allwn ni ddweud na dyfalu pa bryd y daw'r deyrnas i'w llawnder. Tasg y stiward yw bod yn ffyddlon i'r hwn a'i galwodd ac a'i hanfonodd, heb ymboeni am pryd a ble y daw bwriadau ei feistr i'w llawnder, ond parhau i weddïo gweddi Fransis o Assisi:

> Arglwydd, gwna fi yn offeryn dy hedd,
> Lle mae casineb, cariad,
> Lle mae camwedd, maddeuant,
> Lle mae amheuaeth, ffydd,
> Lle mae anobaith, gobaith,
> Lle mae tywyllwch, goleuni,
> Lle mae tristwch, llawenydd.
> (*Gweddïau Enwog*, gol. Cynthia Davies, Cyhoeddiadau'r Gair, 1993)

Gwelwn felly fod yn rhaid inni gysylltu ein cyfrifoldeb fel stiwardiaid â'r rhai fu wrth y gwaith o'n blaenau dros y canrifoedd, y rhai sydd wrth y gwaith gyda ni heddiw gan baratoi'r ffordd i'r rhai fydd yn codi'r baton ar ein hôl ni. Rydym yn dolennu'r canrifoedd wrth i deyrnas Dduw fynd rhagddi i'w llawnder. Stiwardiaid heddiw ydym, â'n golwg ar lunio'r yfory sydd yn llaw Duw, gan deimlo'n ddiolchgar am waddol stiwardiaid ddoe i'n sbarduno a'n cyfeirio.

Trafodaeth

1. A welwch chi'r Eglwys yn gwireddu agenda'r Duw Byw yn Iesu Grist o wneud yn gyfan fyd a bywydau sydd wedi'u dryllio?

2. Beth sy'n ei hatal yn ei gwaith? Ai rhwystrau oddi mewn ynteu oddi allan iddi?

3.   A welwn ein heglwys yn flaenffrwyth dyfodol newydd Duw yn Iesu Grist?

4.   Pa bethau ym mywyd y Gymru gyfoes sydd angen eu herio am eu bod yn rhwystro dynoliaeth lawn dwf? Sut mae ymateb yn greadigol iddyn nhw?

Gweddi

Arglwydd,
gwared ni rhag culni ein gorwelion
sy'n pylu ein gweledigaeth
o'th fawredd
a'th ryfeddod,
yn cyfyngu ein stiwardiaeth

Na foed i ni na boddhad na llawenydd
ond o wybod –
serch pob rhwystr,
methiant,
digalondid
a gwendid –
ein bod yn hyrwyddo dy ddyfodol newydd di:
cariad,
maddeuant,
cymod,
cyfiawnder,
tangnefedd,
llawenydd,
yn nodweddu bywyd dy greadigaeth gyfan.

Emyn 348: 'Mae'r gŵr a fu gynt yn y llys'

Rhannu'r Fendith.

PENNOD 7

Gwasanaethu'r Duw Byw: Amser a Doniau

Pwrpas y bennod hon yw ystyried ein defnydd o amser a dawn fel stiwardiaid Crist.

Defosiwn

Emyn 767 (i'w ganu'n dawel): 'Cymer, Arglwydd, f'einioes i'

Darlleniad:　　Pregethwr 3:1–8
　　　　　　　　　Rhufeiniaid 12:3–8
　　　　　　　　　Luc 9:57–62.

Gwrando ar ran gyntaf 'Esgyniad yr Ehedydd' Vaughan Williams ('The Lark Ascending'), gan ystyried defnydd y cerddor o ddawn a disgyblaeth i bortreadu a myfyrio.

Gweddi

Arweinydd:	Arglwydd, gosodaist amser yn llwyfan i'th weithgarwch.
Pawb:	**Molwn di a diolchwn i ti.**
Arweinydd:	Rhoddaist i ni amser, yn oriau a dyddiau, wythnosau, misoedd a blynyddoedd.
Pawb:	**Molwn di a diolchwn i ti.**
Arweinydd:	Rhoddaist i ni ddoniau amrywiol.
Pawb:	**Molwn di a diolchwn i ti.**
Arweinydd:	Ymddiriedaist i ni newyddion da i'w rhannu drwy gyfrwng y doniau a roddaist i ni.
Pawb:	**Molwn di a diolchwn i ti.**
Arweinydd:	Cynorthwya ni, felly, i ystyried ein defnydd o amser a doniau fel bod y cyfan yn hyrwyddo dy bwrpas di yn Iesu Grist.
Pawb:	**Molwn di a diolchwn i ti. Amen.**

Cyflwyniad:

Mae'r Beibl drwodd a thro yn sôn am Dduw yn gweithredu o fewn amser:

> Pan oedd Abraham yn 75 oed, er enghraifft, cafodd ei gymell gan Dduw i adael Haran a mynd i wlad Canaan i sefydlu cenedl newydd iddo'i hun (Genesis: 12:1–3).

- Yn y flwyddyn y bu farw Useia cafodd Eseia ei alw gan Dduw yn y deml yn Jerwsalem (Eseia 6:1–10).
- A beth am Cyrus y Persiad, un o'r 'cenhedloedd', yn cael ei ddefnyddio i hyrwyddo pwrpas Duw yn achub ei bobl (Eseia 45:1)?
- Ym Methlehem Jwdea yn nyddiau Cesar Awgwstws y ganwyd Iesu o Nasareth (Luc 2:1–6). Fe'i croeshoeliwyd ar Galfaria yn nyddiau Pontiws Peilat.
- Ar ffordd Damacus y cafodd Saul o Darsus ei dröedigaeth.

Nid diddordeb hanesyddol yn unig sydd i'r digwyddiadau hyn. Maent hefyd yn arwyddion o'r Duw Byw yn gweithio o fewn hanes, ar amser arbennig gyda phobl benodol, gan eu galw i ddefnyddio'u hamser a'u doniau'n effeithiol. Mae'n hyrwyddo'i amcanion gan roi ystyr a phwrpas i bopeth sy'n bod trwy danio meddwl a dychymyg pobl sy'n ymroi i weithio gydag ef. Mae'n eu galw ac yn eu hysbrydoli.

Gwyddom hefyd sut yr oedd Iesu'n defnyddio amser. Ar adegau byddai'n encilio i'r mynydd neu i ryw fan unig i weddïo ac i fyfyrio (Marc 6:45). Byddai'n defnyddio'i amser i addysgu a hyfforddi ei ddisgyblion (Mathew 5:1) ac i gyffwrdd pobl ger y llyn (Marc 4:1) neu mewn tir anial (Marc 6:31). Roedd ganddo amser i Bartimeus ddall (Marc 10:46), Jairus a'i deulu (Mathew 9:18), y wraig o Syro-Phoenicia (Marc 7:24) a phobl tebyg i Sacheus (Luc 19:1–10). Yn wir, tosturiai wrth y dyrfa am ei bod fel defaid heb fugail (Marc: 6:34). Treuliai amser gyda ffrindiau megis teulu Bethania. Roedd ef bob amser yn mynd o gwmpas yn gwneud daioni ac yn tynnu'r gorau o bobl.

Cawsom ninnau ddoniau ac amser, a chawn ein galw i'w defnyddio gan ddilyn ei esiampl ef. Wrth gwrs, mater i bob un yn unigol yw sut y mae'n defnyddio'i amser a'i ddoniau i gyflawni pwrpas Duw yn Iesu Grist. Ond, fel Vaughan Williams, a berffeithiodd ei ddawn i ddarlunio 'Esgyniad yr Ehedydd', mae'n rhaid i ninnau feithrin a miniogi ein doniau hyd eithaf ein gallu i wneud yn siŵr fod graen ar ein stiwardiaeth. Mae gan rai ohonom ddoniau llafar neu i arwain yn gyhoeddus, ac eraill ddoniau hyfforddi ac addysgu; i eraill rhoddwyd doniau bugeiliol a'r gallu i ofalu a chydymdeimlo. Gweithio o'r golwg wna eraill. Mae angen y doniau hyn i gyd i adeiladu Corff Crist ac ymestyn ei deyrnasiad a chyfannu bywyd y byd. Mae felly'n hollbwysig ein bod ni'n adnabod ein doniau ein hunain a doniau ein gilydd yn ogystal ag annog ein gilydd i'w defnyddio trwy eu hymarfer (Effesiaid 4:11–13).

Roedd gwraig mewn oed yn cyfarfod plentyn y tu allan i fuarth yr ysgol. Arferai fod yno yr un pryd bob dydd a chyfarfod â nifer o famau ifanc. Un diwrnod trodd un o'r mamau at y wraig gan ofyn iddi, 'Wnewch chi ein dysgu ni i weu?' Fe gytunodd. Dechreuodd chwech ohonynt gyfarfod yn ei thŷ un noson bob wythnos ac yn fuan iawn dechreuodd y cwmni siarad am eu problemau a'u hamgylchiadau. Ffeindiodd y wraig maes o law ei bod yn cynnal dosbarth Beiblaidd yn ogystal â dosbarth gwau. Gwelodd gyfle i ddefnyddio amser a darganfu ei dawn i rannu ffydd mewn ffordd syml a chartrefol.

Neges y Beibl

1. **Defnydd cyfrifol o amser:**

   – o ran agwedd

   Yna dyma Iesu'n annerch y dyrfa a'i ddisgyblion: "Yr arbenigwyr yn y Gyfraith a'r Phariseaid sy'n dehongli Cyfraith Moses, ac wrth gwrs 'Dylech chi wrando arnyn nhw a gwneud popeth maen nhw'n ei ddweud.' Ond peidiwch dilyn eu hesiampl nhw – dŷn nhw ddim yn byw beth maen nhw'n ei bregethu. Maen nhw'n gosod beichiau trwm eu rheolau crefyddol ar ysgwyddau pobl, ond wnân nhw ddim codi bys bach i helpu pobl i gario'r baich.

   "Maen nhw'n gwneud popeth er mwyn dangos eu hunain. Maen nhw'n gneud yn siŵr fod y blychau gweddi ar eu breichiau a'u talcennau yn amlwg, a'r taselau hir ar eu clogyn yn dangos mor dduwiol ydyn nhw. Maen nhw wrth eu bodd yn cael y seddi gorau mewn gwleddoedd a'r seddi pwysica yn y synagogau, a chael pobl i symud o'u ffordd a'u cyfarch yn barchus yn sgwâr y farchnad, a'u galw yn 'Rabbi'.

"Peidiwch chi â gadael i neb eich galw'n 'Rabbi'. Dim ond un athro sydd gynnoch chi, a dych chi i gyd yn gydradd, fel brodyr a chwiorydd i'ch gilydd. A pheidiwch rhoi'r teitl anrhydedd 'Y tad' i neb. Duw yn y nefoedd ydy'ch Tad chi. A pheidiwch gadael i neb eich galw'n 'meistr' chwaith. Un meistr sydd gynnoch chi, a'r Meseia ydy hwnnw. Rhaid i'r arweinydd fod yn was. Bydd pwy bynnag sy'n gwthio ei hun i'r top yn cael ei dynnu i lawr, a phwy bynnag sy'n gwasanaethu eraill yn cael dyrchafiad.

(Mathew 23:1–12; b.n.)

Yn yr adnodau hyn, sy'n rhan o ymosodiad ehangach Iesu ar y Phariseaid a'r Ysgrifenyddion, mae ef yma'n cyfarch y dorf a'i ddisgyblion ac yn sôn am yr agwedd y mae'n disgwyl i'w bobl ei meithrin, nid yn unig tuag at eraill ond hefyd tuag ei gilydd a'u tasg. Mae'r angen am ostyngeiddrwydd yn eglur iawn: brodyr a chwiorydd yn gwasanaethu gyda'i gilydd ac nid yn sefyll ar awdurdod ydynt nac yn tynnu sylw atynt eu hunain. Gweision eu Tad nefol ydynt a Iesu yw eu hathro. Mae'r pwyslais ar wasanaeth a hunanymwadiad a gweithredu'r ffydd; nid gosod beichiau trymion ar bobl a wna Iesu ond sôn am gario beichiau a gwasanaethu.

I ddiben yr astudiaeth hon felly, gwelwn rôl y stiward drwy ei chymharu ag arweinwyr crefyddol cyfoes. Mae stiward Crist i ddefnyddio'i amser nid yn cadw'r allanolion crefyddol ond yn ddyfal ac yn ddiwyd yn cario beichiau ac yn gwasanaethu eraill gan ddilyn y Meseia Iesu a bod yn ffyddlon i'w Dad nefol. Dyna sy'n rhoi iddo/iddi 'ddyrchafiad' drwy ymestyn ei deyrnasiad ef. Mae gan y stiward y crebwyll i adnabod nodweddion Duw yng Nghrist, a dyna sy'n rhoi cyfeiriad i'w ddefnydd o amser a'i egni. Yn ein dyddiau ni, tyb llawer mai'r gwyddonydd neu'r athronydd sy'n gosod arwyddion yr amserau ond, i'r Cristion, Duw yng Nghrist yw'r arwydd neu'r allwedd i'r bywyd llawn y mae'n werth i ni dreulio ein hamser yn ei wasanaeth. Nid yw hynny'n cau allan gyfraniad na gwyddonydd nac athronydd. Ymagwedd ostyngedig y gwas diymhongar ac anymwthgar sy'n addas i'r stiward. Ei batrwm yn byw'r ffydd sy'n denu eraill ato.

– o ran bod yn effro ac yn wyliadwrus

Mae Paul yn sôn ein bod oll yn ffurfio corff Crist, a phob un ohonom yn gymal angenrheidiol ohono ac yn cael ein cynnal a'n maethu gan yr Ysbryd Sanctaidd (1 Corinthiaid 12:13). Hynny yw, dylem ddefnyddio ein hamser gyda'n gilydd yn cydweithio'n effeithiol i ymestyn teyrnasiad Crist. Ond, fel Mathew yn Nameg y Deg Geneth, mae Luc hefyd yn pwysleisio pwysigrwydd bod yn effro ac yn ddiwyd yng ngwaith yr Arglwydd:

> "Byddwch yn barod bob amser; a chadwch eich lampau yn olau, fel petaech yn disgwyl i'r meistr gyrraedd adre o wledd briodas. Pan fydd yn cyrraedd ac yn curo'r drws, byddwch yn gallu agor y drws yn syth. Bydd y gweision hynny sy'n effro ac yn disgwyl am y meistr yn cael eu gwobrwyo – wir i chi, bydd y meistr yn mynd ati i weini arnyn nhw, a byddan nhw'n eistedd wrth y bwrdd i fwyta! Falle y bydd hi'n oriau mân y bore pan fydd yn cyrraedd, ond bydd y gweision sy'n effro yn cael eu gwobrwyo ..."
>
> (Luc 12:35–8; b.n.)

Mae tebygrwydd yma i sawl un arall o ddamhegion Iesu, yn benodol, efallai, Marc 13:33–7. Mae honno'n annog ceidwad y drws i fod yn wyliadwrus ac yn effro, tra mae Luc yn cyfeirio hynny at y gymdeithas Gristnogol gyfan. Y pwynt pwysig yma yw annog y stiward i fod yn effro i'r dylanwadau sydd o'i gwmpas fel y gall ymateb iddynt yn gyfrifol, yn ddoeth ac yn briodol, mewn pryd ac yn enw'r deyrnas. Mae derbyn a dilyn Iesu yn gofyn gennym unplygrwydd llwyr yng ngwerthoedd a blaenoriaethau ei deyrnas. Mae'r ddameg hon hefyd yn paratoi at ddyfodiad Iesu yn ôl a'r wledd sy'n aros y ffyddloniaid; eto, mae'r anogaeth i fod yn effro ac yn wyliadwrus yn ein defnydd cyfrifol o amser yn alwad arnom ninnau fel pob cenhedlaeth arall o'i stiwardiaid. O gofio mai rhyddhau caethion i fywyd llawn a wna Iesu, mae'r stiward i fod yn effro i adnabod y 'pwerau' a'r dylanwadau sy'n caethiwo, yn crebachu ac yn rhwystro bywyd. Enghreifftiau o'r rheini heddiw yw trachwant ac awdurdod i reoli, sy'n arwain at dlodi, amddifadedd o anghenion sylfaenol bywyd, digartrefedd a dibyniaeth.

– o ran bod yn ddoeth ac yn greadigol

Mae Mathew yn galw arnom i fod yn ddoeth ac yn gyfrifol yn ein defnydd o amser. Gwastraffus a dibwrpas, er enghraifft, yw mynd i gyfraith a cholli'r dydd, a gorfod dioddef am hynny. Yn wir, nid yw cyfreitha yn adfer perthynas a dorrwyd nac yn creu perthynas iach; maddau a chymodi sy'n gwneud hynny, a dyna yw hanfod yr efengyl (Mathew 5:25–6). Mae'n rhaid defnyddio amser i ragori ar y 'paganiaid' a cheisio perffeithrwydd Duw ei hun:

> "Dych chi wedi clywed i hyn gael ei ddweud: 'Rwyt i garu dy gymydog' (ac 'i gasáu dy elyn'). Ond dw i'n dweud wrthoch chi: Carwch eich gelynion a gweddïwch dros y rhai sy'n eich erlid chi! Wedyn byddwch yn dangos eich bod yn blant i'ch Tad yn y nefoedd, am mai dyna'r math o beth mae e'n ei wneud – mae'n gwneud i'r haul dywynnu ar y drwg a'r da, ac yn rhoi glaw i'r rhai sy'n gwneud beth sy'n iawn a'r rhai sydd ddim. Pam dylech chi gael gwobr am garu'r bobl hynny sydd yn eich caru chi? Onid ydy hyd yn oed y rhai sy'n casglu trethi i Rufain yn gwneud cymaint â hynny? Ac os mai dim ond eich teip chi o bobl dych chi'n eu cyfarch, beth dych chi'n ei wneud sy'n wahanol? Mae hyd yn oed y paganiaid yn gwneud hynny! Ond rhaid i chi fod yn berffaith, yn union fel mae'ch Tad nefol yn berffaith."
>
> (Mathew 5:43–8; b.n.)

Sylwn yma eto ar y pwyslais ar ddangos egwyddor neu ddeinamig sy'n gyson â'n hymroddiad i ffordd Duw o wneud pethau – gwerthoedd a blaenoriaethau'r Meistr ei hun. Mae pobl i adnabod stiwardiaid Crist yn ôl eu byw Crist-debyg a'u hymateb i sefyllfaoedd byd a bywyd sy'n tystio i'w deyrnasiad ef. Nid disgrifio safon uwchlaw ein cyrraedd na gair i gynnau ynom deimladau o fethiant neu annigonolrwydd yw 'perffaith'. Yn hytrach, gair sy'n disgrifio cyfanrwydd bywyd, cysondeb cariad yn ein rhwydweithio ym mhob cylch o'n bywyd.

Gair o Dde Affrica yw *ubuntu* ac mae'n cyfeirio at fywyd sy'n cyfoethogi ac yn gwneud yn gyfan fywydau eraill o fewn ein rhwydweithiau naturiol. Creu *ubuntu* neu harmoni drwy gysondeb ein byw cariad. Dyna her Iesu i'w oes ei hun ac i bob oes drwy ei stiwardiaid. Mae'n her i newid meddwl a chyfeiriad bywyd ac i uniaethu â phwrpas ac ewyllys Duw o adfer ac iacháu neu wneud yn gyfan fyd a ddrylliwyd. (Fel y gwelsom, edifarhau yw gair Iesu am hynny, Marc 1:15.) Tasg y stiward felly yw treulio'i ddyddiau'n defnyddio pethau bob dydd ei fywyd i amlygu ffordd wahanol y Duw Byw a dorrodd i mewn i fyd a bywyd ei greadigaeth yn Iesu o Nasareth er mwyn ei achub. Trwy dystiolaeth y stiward daw Duw yng Nghrist i'r golwg, â'r gwahoddiad i'w ganfod a'i adnabod. Rhannu yng ngwaith achubol Duw wna'r stiward.

2. Atebolrwydd

Ni allwn fyth anghofio ein bod yn atebol am ein defnydd o amser a dawn. Gan ein bod yn aelodau o Gorff Crist a bod y corff cyfan i gydweithio i hyrwyddo'i neges, y mae i ni atebolrwydd i'n gilydd, ond yn fwy na dim mae'r atebolrwydd i Iesu sydd wedi ein galw i fod yn ddisgyblion iddo. Mae Iesu'n defnyddio darlun o fuddsoddiad i egluro hyn i ni:

> "Pan ddaw'r Un nefol i deyrnasu, bydd yr un fath â dyn yn mynd oddi cartref: Galwodd ei weision at ei gilydd a rhoi ei eiddo i gyd yn eu gofal nhw. Rhoddodd swm arbennig yng ngofal pob un yn ôl ei allu – pum talent (hynny ydy tri deg mil o ddarnau arian) i un, dwy dalent (hynny ydy deuddeg mil) i un arall, ac un dalent (hynny ydy chwe mil) i'r llall. Wedyn aeth i ffwrdd ar ei daith. Dyma'r gwas oedd wedi cael pum talent yn bwrw iddi ar unwaith i farchnata gyda'i arian, a llwyddodd i ddyblu'r swm oedd ganddo. Llwyddodd yr un gyda dwy dalent i wneud yr un peth. Ond y cwbl wnaeth yr un gafodd un dalent oedd gwneud twll yn y ddaear a chadw arian ei feistr yn saff yno.
>
> "Aeth amser hir heibio, yna o'r diwedd daeth y meistr yn ôl adre a galw'i weision i roi cyfri am yr arian oedd wedi'i roi yn eu gofal nhw. Dyma'r un oedd wedi derbyn y pum talent yn dod a dweud wrtho, 'Feistr, rhoist ti dri deg mil o ddarnau arian yn fy ngofal i. Dw i wedi llwyddo i wneud tri deg mil arall.'
>
> "'Da iawn ti!' meddai'r meistr. 'Rwyt ti'n weithiwr da, a galla i ddibynnu arnat ti! Rwyt ti wedi bod yn ffyddlon wrth drin yr ychydig rois i yn dy ofal di, felly dw i'n mynd i roi llawer iawn mwy o gyfrifoldeb i ti. Tyrd gyda mi i ddathlu!'
>
> "Wedyn dyma'r un oedd wedi derbyn dwy dalent yn dod, ac yn dweud, 'Feistr, rhoist ti ddeuddeg mil darnau o arian yn fy ngofal i. Dw i wedi llwyddo i wneud deuddeg mil arall.'
>
> "'Da iawn ti!' meddai'r meistr. 'Rwyt ti'n weithiwr da, a galla i ddibynnu arnat ti! Rwyt ti wedi bod yn ffyddlon wrth drin yr ychydig rois i yn dy ofal di, felly dw i'n mynd i roi llawer iawn mwy o gyfrifoldeb i ti. Tyrd gyda mi i ddathlu!'
>
> "Wedyn dyma'r un oedd wedi derbyn yr un dalent yn dod, 'Feistr,' meddai. 'Mae pawb yn gwybod dy fod ti'n ddyn caled. Rwyt ti'n ecsbloetio pobl ac yn gwneud elw ar draul eu gwaith caled nhw.

Roedd gen i ofn gwneud colled, felly dw i wedi cadw dy arian di'n saff mewn twll yn y ddaear. Felly dyma dy arian yn ôl – mae'r cwbl yna.'

"Dyma'r meistr yn ei ateb, 'Y cnaf diog, da i ddim! Dw i'n ddyn caled ydw i – yn ecsbloetio pobl ac yn gwneud elw ar draul eu gwaith caled nhw? Dylet ti o leia fod wedi rhoi'r arian mewn cyfri cadw yn y banc, i mi ei gael yn ôl gyda rhyw fymryn o log!'

"Cymerwch yr arian oddi arno, a'i roi i'r un cyntaf sydd â deg talent ganddo. Bydd y rhai sy wedi gwneud defnydd da o beth sydd ganddyn nhw yn derbyn mwy, a bydd ganddyn nhw ddigonedd. Ond am y rhai sy'n gwneud dim byd, bydd hyd yn oed yr ychydig sydd ganddyn nhw yn cael ei gymryd oddi arnyn nhw! Taflwch y gwas diwerth i'r tywyllwch, lle bydd pobl yn wylo'n chwerw ac mewn artaith!"

(Mathew 25:14–30; b.n.)

Mae nifer o bwyntiau i'w nodi ynglŷn â'r ffordd y defnyddiwn ddawn ac amser:

- Ymddiriedaeth lwyr y meistr yn ei weision i barhau ei waith a dwyn elw iddo tra oedd oddi cartref. Roedd yr Eglwys gynnar yn disgwyl Iesu yn ôl yn fuan. Ni ddigwyddodd hynny, ond y pwynt yma yw'r angen i roi cyfrif o'n defnydd o'n hamser a'n doniau. Mae Iesu'n ymddiried ei waith i ni, ac felly i ddwyn elw iddo. Braint yn wir.
- Rhannodd y meistr ei eiddo yn ôl dawn a gallu'r gweision, gan ddisgwyl elw priodol pan ddeuai adref. Wrth ddibynnu arnom, mae Iesu'n disgwyl inni ddefnyddio'r ddawn a'r gallu sydd ynom. Nid yw'n disgwyl yr anymarferol na'r amhosibl gennym.
- Y tâl a gawn am fod yn ffyddlon yw derbyn mwy o gyfrifoldeb – hynny yw, mae ei ymddiriedaeth ynom yn cynyddu a chawn weld y gwaith yn ehangu, a byddwn ninnau'n rhannu yn llawenydd a dathliad yr Arglwydd. Mae pwrpas aruchel i waith a chyfraniad y stiward sy'n ddiwyd ac yn ffyddlon.
- Gwendid y trydydd gwas oedd peidio â buddsoddi neu **ofni** mentro buddsoddi rhag siomi'r meistr, oherwydd bod hwnnw'n ŵr caled. Mae Iesu felly'n disgwyl i'w stiwardiaid fod yn ddigon hyderus ynddo ef a'i achos i ymestyn allan y tu hwnt i ffiniau diogel y gymdeithas Gristnogol i fyw'r ffydd yn hyderus a'i rhannu yng ngŵydd eraill. Defnyddio ein doniau yw amod tyfu'n

hyderus ynddynt ac aeddfedu yn y ffydd: o beidio â'i defnyddio, aiff dawn yn rhydlyd ac awn ninnau'n ddihyder gyda'r canlyniad ein bod yn colli ymddiriedaeth y meistr ac yn colli'r breintiau.

- Gyda phob braint y mae cyfrifoldeb, ac onid po fwyaf y cymerwn y cyfrifoldeb o ddifrif, y mwyaf y cynydda'r fraint?
- O fentro mewn ffyddlondeb, nid oes lle i ofni'r meistr. Ef a ddywedodd mai gweithwyr 'anfuddiol' fyddwn ar ein gorau a dyna ein hatgoffa eto mor bwysig yw gostyngeiddrwydd mewn stiward.

Gwelwn felly fod tri phâr o eiriau'n perthyn yn agos i'w gilydd ac yn ddisgrifiad o bob un ohonom: stiwardiaid Iesu, ymddiriedaeth a disgwyliad, cyfrifoldeb a braint. Mae'r tri phâr yn troi o gwmpas diwydrwydd wrth ddefnyddio'n doniau a'n hamser yng ngwaith yr Arglwydd. Diwydrwydd yn ymestyn ei deyrnas yw hwnnw.

3. Gwylio'r hunan

Ni all y stiward ei ddyrchafu ei hun a dyrchafu ei feistr yr un pryd. Ni all fod yn 'my own man' a bod yn stiward i Grist (Effesiaid 2:8–10). Rhaid rhoi heibio hunan-glod, hunan-ddyrchafiad a'r hunan-ganolog. Rhaid ymwadu, codi croes a'i ddilyn ef (Marc 8:34–7). Fel y soniwyd eisoes, mae hyn yn golygu ymroi i ymestyn teyrnas cariad er mwyn cyfannu bywyd byd-eang: gall olygu colli bywyd er mwyn ennill bywyd llawnach. Mae'r ffydd yn gofyn ymroddiad llwyr; nid mater ysgafn na hawdd yw bod yn stiward. Cofiwn yr her enfawr, 'Oes unrhyw beth sy'n fwy gwerthfawr na'r enaid?' (Mathew 16:26; b.n.) Dwyster yr ymroddiad sy'n argyhoeddi. Nid gwasanaethu eglwys nac enwad na thraddodiad yw diben y stiward ond gwasanaethu Duw yng Nghrist wrth wynebu heriau oes ac amser heddiw (Rhaid gwylio rhag gwneud eilunod o bethau 'ddoe'). Wrth sôn am ddeall gwir ystyr bywyd, mae Iesu'n defnyddio Dameg y Dyn Cyfoethog a'i Sgubor nad oedd yn ddigon mawr i gynnwys ei holl gynhaeaf a'i eiddo:

'Does gen i ddim digon o le i storio'r cwbl,' meddai. 'Beth wna i'?

'Dw i'n gwybod! Tynnu'r hen ysguboriau i lawr, ac adeiladu rhai mwy yn eu lle! Bydd gen i ddigon o le i storio popeth wedyn. Yna bydda i'n gallu eistedd yn ôl a dweud wrtho i'n hun, "Mae gen i ddigon i bara am flynyddoedd lawer. Dw i'n mynd i ymlacio a mwynhau fy hun yn bwyta ac yn yfed."

"Ond dyma Duw yn dweud wrtho, 'Y ffŵl dwl! Heno ydy'r noson rwyt ti'n mynd i farw. Pwy fydd yn cael y cwbl rwyt ti wedi'i gasglu i ti dy hun?'

"Ie, fel yna y bydd hi ar bobl sy'n casglu cyfoeth iddyn nhw'u hunain ond sy'n dlawd mewn gwirionedd, am eu bod heb Dduw."

(Luc 12:17–21; b.n.)

Bachu ar gyfle wnaeth Iesu yma i roi sylw i beth sy'n wir gyfoeth mewn ymateb i ddadl rhwng dau frawd oedd yn methu cytuno ar rannu eiddo. Cawn yr ymateb yn Nameg y Ffarmwr a'i Gynhaeaf Bras, a'i angen i ehangu'r sgubor. Gall fod yn ffermwr yng Nghymru heddiw sy'n cynllunio ac yn darparu'n dda ar gyfer anghenion ei waith. Nid ei broblem oedd ei fod yn ffermwr cyfrifol, ond yn hytrach fod ei ddarpariaeth bersonol yn annigonol neu'n anghyflawn. Roedd ei ddealltwriaeth yn troi'n syml o'i gwmpas ef ei hun. Sylwn ar y pwyslais ar 'fy' hyd oed ei fwyniant ei hun. Does dim amau ei ddawn na'i fedr. Ond mae Iesu'n feirniadol o'i ddefnydd ohonynt, yn ogystal â'i ddefnydd o'i amser, oherwydd waeth pa faint ei gyfoeth, fe gollodd y gwir gyfoeth – ei berthynas â Duw, ei grëwr (nid oes sôn chwaith am ei berthynas ag eraill). Darlun o'r hunanddigonol a gawn, ac mae'r ddameg hon yn peri i ni'n holi ein hunain ynglŷn â'n defnydd o'n hamser a'n dawn, ein blaenoriaethau a'n gwerthoedd. Tasg y stiward yw hybu agenda neu amcanion ei feistr yn hytrach na'i rai ef ei hun. Mae'n bwysig iddo'i holi ei hun yn gyson ynglŷn â'i ymrwymiad. Yn ei wasanaeth ef ac yng ngwasanaeth ein hoes a'n hamser y ffeindiwn ystyr a phwrpas i'n bywyd trwy fod yn gyd-weithwyr Duw ac ymestyn ei deyrnas. Mae'r stiward felly'n dyst i eraill ac yn rhybudd rhag ffolineb y ffarmwr cyfyng ei orwelion yn y ddameg.

4. Gair oddi wrth Paul

Trown at Paul yr Apostol i holi a oes ganddo ef rywbeth i'w ddweud am y defnydd o amser a dawn.

1. Mae'n galw arnom i fod yn gadarn a diysgog, yn helaeth bob amser yng ngwaith yr Arglwydd gan ein bod yn gwybod nad yw ein llafur yn yr Arglwydd yn ofer (1 Corinthiaid 15:58).

2. Mae'n galw arnom i fachu ar bob cyfle o fewn yr amser sydd gennym, 'oherwydd y mae'r dyddiau'n ddrwg ... ond deallwch beth yw ewyllys yr Arglwydd' (Effesiaid 5:16–17; BCN).

3. Wrth gynghori Timotheus, dywed wrtho am fod yn ddyfal dros y deyrnas, 'bob amser, boed yn gyfleus neu yn anghyfleus' (2 Timotheus 4:2; BCN).

Mae'r Ysgrythur yn ein herio i ddefnyddio ein hamser a'n hegni yn synhwyrol a bwriadus, ac i fod yn stiwardiaid dygn ac effeithiol drwy ein holl amser ar y ddaear er mwyn gwneud ein cyfraniad ni heddiw at yfory newydd Duw o gyfannu holl fywyd ei greadigaeth. Rydym i ddefnyddio ein doniau'n adeiladol er mwyn gwneud yn eglur i'n dyddiau ni werthoedd, cyfrinach a phwrpas bywyd Iesu. Dywed Paul wrthym am ddymuno cael y doniau gorau ac aeddfedu yn y doniau sydd gan Ysbryd Duw i'w rhoi i ni. Y gair arferol yw 'ymgysegru', sef rhoi ein bywyd yn gyfan yng ngwasanaeth Duw yng Nghrist i ddwyn ffrwyth yn ei egni ef (Galatiaid 5:22–6). Mae'r stori isod yn dangos aelodau un eglwys yn rhoi amser a dawn i fod o wasanaeth i bobl ddigartref.

Stori

Roeddem fel eglwys yn dymuno ymestyn ein cyswllt â'r gymdeithas leol o'n cwmpas gan gredu y byddai hynny'n ehangu ein gwaith a miniogi'n gweledigaeth. Wedi ymchwilio i anghenion y gymdeithas, dyma ddod ar draws cynllun oedd eisoes ar waith mewn dinasoedd, gan gynnwys Caerdydd, yn dwyn yr enw Christian Night Shelters. Bwriad y cynllun yw cynnig ymgeledd a lloches i bobl ddigartref dros gyfnod o 15 wythnos yn ystod y gaeaf. Un noson yr wythnos, mae pob eglwys sy'n rhan o'r cynllun yn cynnig cysgod a bwyd i nifer – rhwng dwsin a deunaw o bobl. Nos Fawrth yw ein noson ni. Byddwn yn darparu pryd bwyd tri chwrs; dechrau gyda chawl, wedyn pryd wedi'i goginio gartref megis caserol cig eidion â thatws, a phwdin yn dilyn hwnnw. Ar ôl noson o gwsg, bydd cyfleusterau ymolchi a brecwast llawn yn eu haros yn y bore. Prosiect rhyngenwadol yw hwn, ac mae'n cynnwys croesdoriad o Gristnogion: dwy eglwys o blith y Bedyddwyr, dwy eglwys Babyddol, dwy eglwys efengylaidd, un 'Seventh-day Adventist' ac un gynulleidfa Bresbyteraidd. Daw'r arolygydd o draddodiad efengylaidd/carismatig.

Mae amrywiaeth da o 'ddefnyddwyr' yn manteisio ar y trefniant – rhai â phroblemau iechyd meddwl ac anghenion addysgol arbennig, eraill wedi chwalu eu perthynas â'u teuluoedd neu wedi colli swydd ac felly'n ddi-waith. Daw rhai o dramor, a bu eraill mewn carchar neu yng ngafael alcohol a chyffuriau. Ond mae'n rhaid wrth drefn: nid ydym yn caniatáu diota na chymryd cyffuriau, a diffoddir y golau am ddeg o'r gloch! Mae'n rhaid hefyd drefnu'n ofalus. Does dim prinder gwirfoddolwyr o blith aelodau Salem; o fewn 24 awr o hysbysebu'r bwriad cafwyd cant o enwau, rhai nad ydynt ffyddlon ar y Sul ond yn barod i ymrwymo yma. Bydd eraill yn gefnogol drwy weddi a rhoddion. Mae'n ddiddorol nodi bod gwirfoddolwyr yn eu cynnig eu hunain o'r gymdeithas leol heb fod ganddynt unrhyw berthynas ag eglwys na chrefydd. Mae'r prosiect felly'n dwyn y gymdeithas at ei gilydd, ffaith a gadarnheir gan gefnogaeth ysgolion cynradd ac uwchradd lleol, megis ysgolion Treganna, Pencae a Phlasmawr.

Bu newid o fewn Salem ei hunan: daeth yr eglwys at ei gilydd trwy greu ymdeimlad o berthyn a phwrpas newydd ymhlith yr aelodau, o garu a gofalu am gymydog, a phrofiad sawl un yw, 'Dyma beth yw gwaith a galwad yr eglwys – bod yn gyfrwng cariad a bod yn berthnasol i eraill.' Sylw'r arolygydd oedd, 'Not only are you to help and bless others by this but your own church will be blessed too.' Ac meddai'r gweinidog, y Parch. Evan Morgan, 'Ar ôl dwy flynedd dwi'n gweld hynny'n amlwg, sef cymdeithas, gweithgaredd ac ymdeimlad o berthyn i gapel yn creu diddordeb mewn eraill y tu fas i'r eglwys.'

Wrth gwrs bu peth gwrthwynebiad, megis, 'Bydd eich festri yn llawn nodwyddau!' Ond beth bynnag y gwrthwynebiad, cawsom y fraint o weithio gydag unigolion mwyaf bregus ein cymdeithas. Gwasanaeth gan dîm yw hwn o fewn yr eglwys a chydag eglwysi eraill. Wrth ddiolch am gefnogaeth mor eang, meddai'r gweinidog, 'Am hynny dwi'n diolch i Dduw bob bore.'

Eglwys Salem, Treganna, Caerdydd

Myfyrdod

Mae ein stiwardiaeth i ddigwydd o fewn amser, yn y presennol ac o fewn y byd a'r gymdeithas fel y maent. Mae Duw ei hun ar waith yno'n barod. Ymuno ag ef yn y gwaith y mae eisoes yn ei wneud o'n cwmpas a thrwy'r byd a wna'r stiward. Gwyddom mai cyfannu, adfer neu achub bywyd yw hynny. Nid mater o ffydd i unigolyn yn bersonol ac yn sicr nid mater preifat mo'r ffydd. Gan na allwn gyfyngu ar ei egni na'i gariad ef – mae'r gwynt yn chwythu lle y myn – nid yw felly wedi'i gyfyngu i unrhyw eglwys na thraddodiad. Gall y stiward fuddsoddi ei amser a'i dalent yn gweithio gyda mudiadau neu elusennau sy'n hyrwyddo'i amcanion ef. Yn wir, os nad yw'r eglwys yn 'stiwardio' yn effeithiol mae ef yn sicr o ffeindio cyfryngau eraill. Gwaith yr Arglwydd sy'n bwysig.

Dysgwn hefyd mor werthfawr yw amser – boed funud, awr, ddiwrnod, fis neu flwyddyn – a hefyd ddawn pob un ohonom. Nid hyd yr amser na maint y ddawn sydd gennym sy'n bwysig, ond ein defnydd cyfrifol a chreadigol ohonynt – ein buddsoddi ynddynt – er mwyn dwyn elw i'r Meistr drwy ymestyn ei deyrnasiad o gariad, cymod, tangnefedd a llawenydd ledled ei fyd. Am hynny, nid derbyniol ganddo was diog a di-fudd. Mater i bob un ohonom yw pa gyfraniad a wnawn i hyrwyddo'i deyrnas yn y byd heddiw.

Cael ein galw i fod yn ffyddlon a wnawn yn ein defnydd o amser a dawn. Ni allwn wybod pa ddylanwad a gawn, naill ai fel unigolion neu fel cynulleidfaoedd. Ond nid yw hynny'n rhwystr i ni ein holi ein hunain na chynllunio i fod yn effeithiol, fel y gwnaeth y ddau was yn Nameg y Talentau. Yn wir, ni allwn fel cynulleidfaoedd lwyddo heb gynllunio bwriadus a gweddigar. Mae hynny'n golygu treulio amser yn gwrando, yn deall ac yn dehongli beth sy'n digwydd o'n cwmpas, beth yw'r anghenion, yr ofnau a'r beichiau, a defnyddio dychymyg i ymateb yn ôl disgwyliad Iesu. Pa gyfleoedd sydd i fod o wasanaeth diamod a heb ddisgwyl dim yn ôl? Yn ein cymunedau nid 'ni' yw'r unig stiwardiaid sydd gan Iesu; mae stiwardiaid o draddodiadau eraill. Pa ddoniau sydd gennym rhyngom? Disgwyliad Iesu yw bod undod rhyngom oll mewn tystiolaeth ac addoliad (Ioan 17:20–21) Pwy yw ein partneriaid – mudiadau, eglwysi, elusennau eraill? I bwy y gallwn ni fod yn bartner? A oes angen hyfforddiant – i beth ac o ble y daw? Pa ddoniau *sydd* gennym felly rhyngom?

Mae'n werth nodi eto mai stiwardiaid cariad ydym – 'am iddo Ef yn gyntaf ein caru ni' yw'r cymhelliad. Cariad sydd yn ein galw ac yn ein hanfon ac yn ein croesawu. Na foed i ni yngan geiriau heblaw geiriau o gariad, meddyliau heblaw meddyliau o gariad, gweithredoedd heblaw gweithredoedd o gariad. Na foed i ni feithrin agweddau heblaw agweddau o gariad. Cariad sy'n meithrin ynom y gallu i faddau, creu cymod a dilyn cyfiawnder, a'r rhain sy'n esgor ar lawenydd a thangnefedd. Dyma fywyd yn ei lawnder – nes ei fod yn gorlifo â gobaith (Rhufeiniaid 15:13; Corinthiaid 1:5). Ond cofiwn, er mor bwysig yw stiwardiaeth effeithiol a gobeithion yr Arglwydd oddi wrthym, eto ni allwn honni na sefyll ar unrhyw lwyddiant. Cofiwn mai 'ei waith ef ydym, wedi ein creu yng Nghrist Iesu i fywyd o weithredoedd da' a hefyd 'Trwy ras yr ydych wedi eich achub ... rhodd Duw ydyw' (Effesiaid 2:8–10; BCN). Oherwydd i Dduw roi ei gariad a'i ras yn Iesu Grist i ni y mae stiwardiaeth Gristnogol yn bosibl o gwbl. Ni allwn ymffrostio yn ein gweithredoedd fel stiwardiaid; ein hymateb ni i'w rodd a'i ras ef ydynt.

Trafodaeth

1.   'Ni ddaeth i gael ei wasanaethu ond i wasanaethu.' Arwyddair priodol i'r Eglwys Gristnogol?

2.   Pa gyfleoedd i wasanaeth diamod sydd yn eich ardal chi? Beth am wahodd rhai atoch i ystyried posibiliadau i'w gweithredu? (Gweler Atodiad 1)

3.   Beth yw perthynas addoli â'n defnydd o amser a dawn?

4.   Sut mae adnabod dawn a thalent, a sut mae eu meithrin?

Gweddi
Arglwydd amser a rhoddwr doniau,
diolchwn i ti am ein breintio
â dawn, egni ac amser
i ymuno â thi
i greu cymunedau,
cenhedloedd,
byd o gariad.
Ysbrydola ni i fod
yn sianelau cariad a chymod,
cyfiawnder a gobaith
er mwyn Iesu,
er mwyn Cymru,
er mwyn dynoliaeth.

Emyn 821: 'O gwawria, ddydd ein Duw'

Rhannu'r Fendith.

PENNOD 8

Gwasanaethu'r Duw Byw: Arian ac Eiddo

Pwrpas y bennod hon yw ystyried lle a phwysigrwydd cyfraniadau ariannol a'r defnydd o eiddo o fewn ein stiwardiaeth Gristnogol.

Defosiwn

Emyn 757: 'I ti dymunwn fyw, O Iesu da'

Darlleniad: Mathew 19:16–22
                    Luc 21:1–4

Gweddi i'r grŵp:

Arweinydd:	Arglwydd, rwyt ti'n gofyn inni ein rhoi ein hunain yn llwyr i ti er mwyn hyrwyddo dy deyrnasiad yn y byd.
Llais 1:	Amser ac egni.
Llais 2:	Doniau amrywiol.
Llais 3:	Arian ac eiddo.
Llais 4:	Ond mae byw heddiw mor gostus. Rhaid wrth: ... (pob un yn y grŵp i enwi un o angenrheidiau bywyd iddo ef/iddi hi).
Arweinydd:	Helpa ni, Arglwydd, i ystyried ein blaenoriaethau ac i wahaniaethu rhwng y pethau sy'n angenrheidiol a'r rhai nad ydynt, a pham.
Llais 1:	A holi faint rydyn ni'n ei gyfrannu tuag at hyrwyddo dy achos di.
Llais 2:	Gan gofio mai hybu teyrnas goleuni a gobaith a wnawn – teyrnas dy yfory di yw hi.
Pawb:	**Gweddi'r Arglwydd**

Cyflwyniad

Mae ein harian a'n heiddo yn perthyn i'n bywyd personol a phreifat. Mae'r swm a enillwn a sut y gwariwn yr arian hwnnw'n perthyn i fyd cyfrinachedd ac yn aml mae a wnelo hynny â safle, statws, hunan-barch ac ati. Ond os credwn mai rhoddion Duw yw ein harian a'n heiddo a'i fod ef yn Arglwydd ar bob rhan o'n bywyd, maent o fewn cylch ein hatebolrwydd iddo. Gwelsom eisoes ffolineb y gŵr a ehangodd ei ysguboriau a her Iesu i beidio â threfnu ein bywyd o'n cwmpas ni'n hunain. 'Eiddo pwy fydd y pethau a baratoaist?' oedd cwestiwn Iesu. Ei ateb i'r dyn ifanc cyfoethog a holodd beth oedd raid iddo'i wneud i gael bywyd tragwyddol oedd, 'Dos, gwerth dy eiddo a dyro i'r tlodion.' Fel goruchwylwyr rhoddion Duw, rhaid i ni felly ystyried ein cyfrannu ariannol yn ofalus.

Gwahoddwn bob aelod o fewn y grŵp i ateb yn bersonol ar bapur (heb o reidrwydd rannu'r atebion â neb):

1. Pryd y cyfrannaf?   Swm ar ddechrau blwyddyn
                         Swm bob mis
                         Swm bob wythnos
                         Swm ar ddiwedd blwyddyn

2. Sut y cyfrannaf?   Arian parod
                         Siec
                         Archeb banc

3. Sut y penderfynaf   Swm a ddaw i'r meddwl ar y pryd?
pa swm i'w roi?   Ynteu swm sy'n ystyried y canlynol:
- costau lleol
- gweinidogaeth
- cadw adeilad
- adnoddau angenrheidiol at fywyd yr eglwys
- costau enwadol – gweinidogaeth, cenhadaeth, hyfforddi, canolfannau
- perthyn i'r eglwys fyd-eang
- cyfraniadau eciwmenaidd
- elusennau lleol a byd-eang.

4. Sut y byddaf yn adolygu fy nghyfraniad?
Yn ôl yr anghenion/chwyddiant/fy sefyllfa bersonol.

Wrth bwysleisio mai rhan o'n stiwardiaeth yw cyfrannu ariannol ac mai gwirfoddol yw pob cyfraniad, gwahoddwn aelodau'r grŵp i rannu, nid manylion eu rhoi o ran arian ac ati, ond yr egwyddorion sy'n pennu maint y cyfraniad. Ai'r ymdeimlad o ddiolchgarwch ynteu lwyddiant y gwaith, chwyddiant efallai, neu roi rhan o'r hyn sy weddill a heb ei wario?

Mewn byd materol a thrachwantus mae'n bwysig i'r stiward sylweddoli mai adnoddau i'w defnyddio i hyrwyddo dibenion Duw o orchfygu drygioni â daioni trwy hyrwyddo teyrnasiad Duw yw arian, a bod meithrin arolygiaeth yn y cyfrannu hwn yn hollbwysig. Ni allwn ysgaru arian ac eiddo oddi wrth ein bywyd ysbrydol, nac oddi wrth ein cyfrifoldebau eraill fel stiwardiaid Cristnogol. Mae ein defnydd ohonynt yn dangos pa rai yw'n gwerthoedd ysbrydol.

Neges y Beibl

1. Degymu

Mae'r egwyddor o ddegymu yn mynd yn ôl ymhell iawn yn hanes ein ffydd ac o bosib i gyfnod cynnar iawn ym mywyd y Dwyrain Canol. Yn wir, fe gofiwn am hanes y degwm ym mywyd cymdeithasol Cymru'r 19fed ganrif. Yn ôl yr egwyddor hon y mae i ni neilltuo'r ddegfed ran o'n heiddo i Dduw:

> Wedyn dyma Jacob yn gwneud addewid: "O Dduw, os byddi di gyda mi, yn fy amddiffyn i ar fy nhaith ac yn rhoi bwyd a dillad i mi nes i mi gyrraedd yn ôl adre'n saff, ti, yr Arglwydd fydd fy Nuw i. Bydd y garreg dw i wedi'i gosod yma yn nodi dy fod ti'n byw yma. A dw i hefyd yn addo rhoi un rhan o ddeg o bopeth yn ôl i ti."
> (Genesis 28:20–22; b.n.)

> "Yr Arglwydd sydd biau un rhan o ddeg o bopeth yn y wlad – y cnydau o rawn ac o ffrwythau. Mae wedi'i gysegru i'r Arglwydd. Os ydy rhywun eisiau prynu'r un rhan o ddeg yn ôl, rhaid iddo dalu'r pris llawn amdano ac ychwanegu 20%.
> "Mae un rhan o ddeg o'r gyr o wartheg ac o'r praidd o ddefaid

a geifr i gael ei gysegru i'r Arglwydd …" Dyma'r rheolau roddodd yr Arglwydd i bobl Israel drwy Moses ar fynydd Sinai.

(Lefiticus 27:30–32, 34; b.n.)

Ni allwn olrhain na thrafod yr egwyddor o ddegymu yn llawn yma, ond nodwn rai canllawiau pwysig i'w hystyried. Mae degymu'n arwydd o'r canlynol:

- mawl a chydnabod Duw yn Arglwydd;
- diolchgarwch i'r Crëwr am fendithion ei greadigaeth i gynnal bywyd;
- diolchgarwch iddo am ei haelioni a'i ofal;
- cyfrannu aberthol i ddangos ein diolch am gyfoeth ein ffydd a'n hawydd i'w hyrwyddo;
- yr angen am drefnu bwriadus a hunanddisgyblaeth wrth gyfrannu – cynnwys ein cyfrannu fel rhan o'n cyllideb deuluol gyfan ac nid cyfrannu *ad hoc* megis.

Mae cyfrannu felly'n dangos ein diolchgarwch a'n hufudd-dod i'r Arglwydd ac yn gyfraniad penodol at hyrwyddo'i deyrnasiad yn y byd. Gyda hyn mewn golwg, pwysleisiwn mai penderfyniad y stiward ei hun yw maint ei gyfraniad. Down i'r casgliad felly fod y Beibl yn disgwyl cyfrannu cyfrifol gennym sy'n gymesur â'r enillion a dderbyniwn.

Teg nodi pwyslais dyngarol Deuteronomium fod y degwm i'w ddefnyddio'n gyfan bob tair blynedd ar gyfer y rhai anghenus – y dieithr a'r weddw – a chofiwn mor bwysig oedd blwyddyn y Jiwbilî a diddymu dyledion fel rhan o stiwardiaeth gyfrifol bob saith mlynedd (Deuteronomium 14:28–15:11). O fewn y pwyslais ar ddegymu mae cyd-ddibyniaeth personau ymysg teulu Duw a hynny hefyd i gynnwys y ddaear ei hun. Mae'n bwysig mynd y tu hwnt i'r symiau ariannol ac archwilio'r ysbryd a'r egwyddorion sy'n sylfaen i'r syniad Beiblaidd o ddegymu neu gyfrannu. Bydd hyn yn gosod ein cyfraniadau ariannol a'r disgwyliadau arnom yn y cyd-destun cywir.

Dylem nodi bod haelioni Duw yn y Testament Newydd yn ysgogiad i haelioni o'n rhan ni hefyd. Yn 2 Corinthiaid 9:6–12 sonnir am roi'n hael neu'n llawen ac o wirfodd calon, fel y mae Duw yn rhoi popeth da i ni yn helaeth, am ei fod ef yn hael! Dylai haelioni ein nodweddu ninnau yn ein perthynas ag ef yn ogystal â'r anghenus yn ein plith. Mae haelioni hefyd yn perthyn yn agos i *ubuntu* oherwydd mae gweithredu lles eraill yn cynnwys anghenion tymhorol. Beth oedd yn ysgogi'r weddw a'i hatling, tybed? O ran crefyddau eraill, er enghraifft, mae Islam yn disgwyl isafswm o 2.5% o incwm y credinwyr at ofalu am y tlodion, yn enwedig yn y gymuned leol. Gosodir blwch mewn mosg i dderbyn y rhoddion hyn 'Er mwyn Alla' ond ni chedwir cofnod o roddion. Mae i Islam ei Chilgant Goch (Red Crescent) ar gyfer datblygu byd. Nid oes i Hindŵaeth drefn ganolog ond fe ddisgwyl cyfrannu gyda'r pwyslais ar roi'n wirfoddol. Ceir yr arferiad o roi elusennol (*dana*) a gall rhai ddymuno ymrwymo i gyfrannu 10% o'u henillion am gyfnod neu am oes i Dduw/dduwiau. Gellir ei ddefnyddio i baratoi dŵr glân a chartrefi i'r tlawd, codi ysgolion ac ysbytai, a gofalu am anifeiliaid. Disgwylir i'r rhoddwr roi'n hael ac o'r galon heb ddisgwyl gwobr. Mae disgyblaeth ysbrydol i gyfrannu.

2. Cyfrannu pwrpasol

Nid yn unig y mae cyfrannu'n arwydd o ddiolchgarwch ac yn ymrwymiad i waith yr Arglwydd, ond mae hefyd yn arwydd o'n cydsefyll â'n cyd-Gristnogion ac â'r teulu dynol cyfan. Mae Iesu, fel y gwelwyd, yn herio'r gŵr cyfoethog i werthu ei eiddo a rhoi i'r tlodion fel y caiff drysor amgenach (Mathew 19:21). Cawn enghraifft o gydsefyll â'r anghenus yn yr Epistol at y Rhufeiniaid:

> Mae'r Cristnogion yn Macedonia ac Achaia wedi casglu arian i'w rannu gyda'r Cristnogion tlawd yn Jerwsalem. Roedden nhw'n falch o gael cyfle i rannu fel hyn, am eu bod yn teimlo fod ganddyn nhw ddyled i'w thalu. Mae pobl y cenhedloedd wedi cael rhannu bendithion ysbrydol yr Iddewon, felly mae'n ddigon teg i'r Iddewon gael help materol. (Rhufeiniaid 15:26–7; b.n.)

Wrth ymadael ag Effesus, mae Paul yn tynnu sylw at ei daith i Jerwsalem er mwyn rhannu'r casgliad a wnaed gan eglwysi Macedonia ac Achaia â'r tlodion yno. Mae dwy egwyddor o bwys i ni yn yr hanes hwn:

- mae'n rhaid i'r cryf gynorthwyo'r gwan, yn union fel y pwysleisia Iesu a llyfr Deuteronomium. Dyma egwyddor i ni fel unigolion a chynulleidfaoedd weithredu arni. Unwaith eto mae'n gofyn i ni gydsefyll, cynnal ac ysbrydoli ein gilydd er mwyn y teulu Cristnogol cyfan ac i hyrwyddo'r gwaith. Gwireddir hyn yn lleol ac yn genedlaethol drwy Cytûn. Rhydd ein haelodaeth o Gyngor y Genhadaeth Fyd-eang

(CWM) y cyfle i ni gydweithio er lles y teulu Cristnogol a'r teulu dynol cyfan. Mae cysylltiadau byd-eang gan eglwysi eraill hefyd, megis y BMS gan y Bedyddwyr, y Church Missionary Society ac United Society Partners in the Gospel gan yr Anglicaniaid a'r Methodist Church Overseas Division gan y Methodistiaid. Ond saif yr un egwyddor o gydsefyll yn ein perthynas â'r teulu Cristnogol a dynol cyfan, fel y dengys gwaith Cymorth Cristnogol a Tearfund a'u tebyg.

- Gwelwn hefyd mor bwysig yw rhoi a derbyn. Derbyniodd eglwysi Macedonia ac Achaia drysor yr efengyl, ac maent yn ymateb drwy ymroi i anghenion y tlodion yn Jerwsalem. Ni fyddai ymateb nawddoglyd yn briodol. Mae'r rhoi a'r derbyn i ddigwydd mewn ysbryd o ostyngeiddrwydd a diolchgarwch, a dyna sy'n nodweddu ein ffydd. Rhaid i'r stiward Cristnogol ochel rhag cysylltu arian â grym a dylanwad: cyfrwng gwasanaeth ydyw. Mae'r rhoddwr hefyd yn ddyledwr.

Mae'n hanfodol bwysig i'r stiward sylweddoli bod cefndir ac ethos i'w gyfrannu ariannol. Ymateb gwirfoddol a gostyngedig i haelioni Duw ydyw, a ffordd o weithredu ei ewyllys wrth hybu ein perthynas â'n gilydd ac â'n cyd-ddynion.

3. Cyfrannu mewn llawenydd

Cofiwch hyn: Os mai ychydig dych chi'n ei hau, bach fydd y cynhaeaf; ond os dych chi'n hau yn hael, cewch gynhaeaf mawr. Dylai pob un ohonoch chi roi o'i wirfodd, dim yn anfodlon neu am fod pwysau arnoch chi. Mae Duw'n mwynhau gweld pobl sydd wrth eu boddau yn rhoi. Mae Duw yn gallu rhoi mwy na digon o bethau'n hael i chi, er mwyn i chi fod â phopeth sydd arnoch ei angen, a bydd digonedd dros ben i chi allu gwneud gwaith da bob amser.

(2 Corinthiaid 9:6–8; b.n.)

Yma mae Paul am bwysleisio llawenydd a haelioni wrth roi. Nid yn unig mae am i ni fod yn gyfrifol wrth roi a rhannu, ond rhaid gwneud hynny hefyd o gariad tuag at Dduw a'i achos. Felly y mae ef yn ei wneud: rhoi mewn cariad. Pwysig hefyd yw deall ein bod wrth roi yn derbyn llawer mwy nag a roddwn. 'Bwrw dy fara ar wyneb y dyfroedd, ac fe'i cei'n ôl ymhen dyddiau lawer'

(Pregethwr 11:1; BCN). Nid bwrn i stiward o Gristion yw cyfrannu arian; mae'n rhan annatod o'i fywyd ysbrydol a'i hunanddisgyblaeth fel disgybl neu stiward. Mae'r rhoi i fod yn hael ac yn llawen.

Wrth ystyried ein cyfrannu ariannol, mae'r Beibl yn pwysleisio'r egwyddor hollbwysig o gyfrannu'n gymesur â'r hyn a dderbyniwn. Wrth roi dylem fod yn cydnabod mai Duw yw'r Arglwydd yn Iesu Grist. Rhoddwn mewn diolchgarwch iddo ac fel prawf o'n hymlyniad wrth ein gilydd fel pobl Dduw. Gan fod aberth yn rhan annatod o'n ffydd, tybed na ddylai lliw a blas aberth fod ar ein cyfrannu gan fod aberth Crist mor ganolog i'n ffydd ac yn arwydd ein bod o ddifrif?

4. Rhoi aberthol

Felly, ni all y Cristion sôn am **roi** dim, na dawn nac amser, nac arian nac eiddo, heb gofio rhodd fawr Duw o Iesu o Nasareth i ni ac yn benodol roddi aberthol Iesu o'i fywyd ar y groes. Mae rhoi dwys yn nodwedd o stiwardiaid Duw drwy'r canrifoedd: beth am Moses (Genesis 3:11), Jeremeia (1:6; 12:7), Daniel (3:12; 6:16), y wraig weddw (Luc 21:2), ac enwi rhai yn unig. Nac anghofiwn ychwaith y merthyron y bu eu 'gwaed yn had yr eglwys'. I'r Cristion, 'aberth y groes' sy'n tystio i ni ddyfnder a dwyster cariad Duw – mor o ddifrif yw ef ynglŷn â charu ei greadigaeth a'i bobl:

> Yna cymerodd dorth o fara, ac yna, ar ôl adrodd y weddi o ddiolch, ei thorri a'i rhannu i'w ddisgyblion. "Dyma fy nghorff i, sy'n cael ei roi drosoch chi. Gwnewch hyn i gofio amdana i."
> Wedyn ar ôl bwyta swper gafaelodd yn y cwpan eto, a dweud, "Mae'r cwpan yma'n cynrychioli'r ymrwymiad newydd drwy fy ngwaed i, sy'n cael ei dywallt ar eich rhan chi."
> (Luc 22:19–20; b.n.)

Dyma beth yw rhoi'r cwbl yn wyneb gwrthodiad a'r 'hoelion dur a'r bicell fain'. Mae'n rhaid i'r stiward sefyll mewn rhyfeddod, os nad mudandod, wrth feddwl am yr aberth hwn dros bechaduriaid er mwyn cyfannu bywyd y byd. Dyma ein hysgogiad, 'am iddo Ef yn gyntaf ein caru ni'. Yng ngeiriau Elfed:

> Ni allaf roddi fel y rhoddaist im;
> rwy'n gweld, yng ngolau'r groes, fy ngorau'n ddim:

ond at y groes, er hynny, deuaf fi,
i'm rhoi fy hunan i'th ewyllys di.

Ac yna, ar ddiwedd yr emyn, 'o fore oes hyd nes i'r cyfnos ddod / rho im y fraint o fyw bob dydd i'th glod'. Y rhoi sy'n costio sy'n argyhoeddi: mae hynny'n wir am arian ac eiddo fel ag am amser, dawn ac egni.

Stori

Mae'n werth nodi storïau oddi wrth dderbynwyr cefnogaeth Cymorth Cristnogol sy'n nodi'r gwahaniaeth mae ein cyfraniadau'n ei wneud iddynt hwy.

(1) Lourdes Mamio Gonzales – gwraig yn ei 40au a mam i bump o blant

'Doedden ni ddim yn gwybod sut i baratoi cynnyrch o'r radd uchaf ond rhoddodd yr hyfforddiant help i ni roi gwerth uwch ar ein cynnyrch.'

Roedd cerfio allan o goed yn rhedeg trwy hanes y teulu, a bachodd Lourdes ar y cyfle i afael yn y grefft – un o'r merched cyntaf i wneud hynny. Mae'r gwaith wedi rhoi gallu ariannol newydd i Lourdes. Does dim rhaid iddi bellach ddisgwyl am gyflog ei phriod. Yn y gorffennol byddai ef oddi cartref am wythnos neu bythefnos, ac roedd yn rhaid iddi aros nes y deuai'n ôl. Yn awr, gydag incwm ychwanegol, gall y teulu aros gyda'i gilydd.

(2) Gweinidog Anglicanaidd yn Brasil yw Elineide; hi sefydlodd Casa Noeli dos Santos, sef tŷ diogel ar gyfer merched sy'n dioddef trais. Meddai, 'Dechreuodd y tŷ oherwydd yr angen yn y ddinas. Doedd gan ferched mewn trybini unlle i fynd iddo … Doedd neb am wynebu'r sialens ac felly penderfynodd yr eglwys afael yn y cyfrifoldeb. Pan glywais hynny, penderfynais wirfoddoli. Gyda chymorth rhoddion sawl grŵp, agorodd y tŷ ei ddrysau o fewn 15 niwrnod. Byddwn yn gweld nifer da o ferched sawl tro. Bydd rhai'n dychwelyd at yr un treisiwr a chaiff rhai eu cam-drin gan bartneriaid gwahanol, a lladdwyd un wedi iddi adael y tŷ. Rydym yn breuddwydio am le mwy er mwyn gofalu'n effeithiol am y plant hefyd … Rydyn ni'n ceisio hyrwyddo Teyrnas Dduw yma … dyma'r ffordd y deallwn sut y dylem fyw ein bywyd. Daw'r prif anawsterau oddi wrth eglwysi sydd,

oherwydd eu hathrawiaeth, yn gorfodi merched i aros gyda gwŷr sy'n parhau i'w cam-drin, gan weithiau gyfiawnhau'r cam-drin hwnnw.'

Pa neges sydd gennych i'r rhai sy'n cyfrannu tuag at eich cefnogi?

'Mae'r arian y mae pobl yn ei godi nid yn unig yn newid y tŷ, ond mae hefyd yn galluogi merched i symud ymlaen â'u bywydau – eu diogelu, eu helpu a'u hachub. Byddem hefyd yn ddiolchgar iawn am weddïau dros barhad ein hegni fel tîm, i'n galluogi i ddal ati. Mae hynny'n anodd iawn ar adegau. Felly, mae angen gweddïau am ddoethineb a gwyleidd-dra. Gallwn deimlo ein bod yn gwybod popeth ond dydyn ni ddim.'

Myfyrdod

Mae'r Ysgrythur yn galw arnom i gymryd ein cyfraniadau ariannol at waith neu genhadaeth Crist o ddifrif, boed trwy gyfrwng yr eglwys neu gefnogaeth i elusennau dyngarol. Mewn oes a chymaint o bwysau arnom o wahanol gyfeiriadau, byddai sôn am ddegymu yn ddychryn, os nad yn rhwystr, i lawer i ymateb i alwad Crist. Byddai enillion o £10,000 yn golygu cyfraniad o £1,000 y flwyddyn, £20,000 yn £2,000 a £40,000 yn £4,000 y flwyddyn o gyfraniad. Mae Eglwys yr Alban, ar y llaw arall, yn awgrymu hanner hynny – enillion o £10,000 yn golygu cyfraniad o £500, £20,000 yn £1,000. Gwelwn fod y graddfeydd hyn yn adlewyrchu cyfrannu'n gymesur ag enillion. Mae'n her i bob un ohonom i glustnodi cyfran o'n cyllideb bersonol/deuluol at waith yr Eglwys a chenhadaeth Crist, pa swm ac ar ba sail?

Efallai y dylem weithio allan faint rydyn ni'n ei wario ar bethau eraill mewn blwyddyn er mwyn cael rhyw bersbectif ar ein cyfrannu a llunio cyllideb gynhwysol ar ein cyfer ein hunain. Er enghraifft, beth yw gofynion y cartref: bwyd, dillad, tanwydd, trethi ac ati; teulu, hamdden, gwyliau, cymdeithasau? Dilyn Crist? Gallai ymarferiad felly roi ffon fesur i'n gwariant a'n cyfraniadau. Byddai hefyd yn help i ni fyfyrio ar ein blaenoriaethau a'r pethau sy'n bwysig i ni. Yr un pryd daw'r cwestiwn faint o **werth** a roddwn ar ein ffydd yn rhan o'r ystyriaeth. Dadlennol i ni ein hunain efallai fyddai ymarferiad felly. Cofiwn mai mater ysbrydol yn ei hanfod yw ein defnydd o'n harian a'n heiddo.

Os ydym yn cymryd ein ffydd o ddifrif, rhaid ymarfer hunanddisgyblaeth ym mhob rhan o'n bywyd. Rhaid meithrin y ffydd neu fe'i collwn; rhaid byw'r ffydd neu ni fydd yn tyfu ac yn aeddfedu; rhaid defnyddio dawn ac amser – heb hynny, ni chaiff ffydd fynegiant; rhaid cadarnhau ein defnydd o arian ac eiddo – heb hynny, ni fydd adnoddau i wneud y gwaith. Ond uwchlaw popeth mae'r ddisgyblaeth o addoli a meithrin defosiwn oherwydd dyma yw sail y cyfan oll. Mater personol rhyngom a Duw ei hun yw faint o'n hunain, gan gynnwys dawn amser, arian ac eiddo, a roddwn. Dylem ystyried felly:

- pa mor ddwfn yw ein hargyhoeddiad o'r efengyl?
- pa mor barod ydym i'w hyrwyddo a'i lledaenu?
- sut y deallwn ein hatebolrwydd i Dduw fel stiwardiaid iddo?
- beth a ddisgwyliwn wrth gyfrannu?

Ond mae atebolrwydd yn y defnydd a wnawn o'n cyfraniadau hefyd yn bwysig, boed mewn eglwys leol neu eglwys genedlaethol fel Eglwys Bresbyteraidd Cymru: rhaid parchu cyfraniadau aelodau gyda diolchgarwch gostyngedig. Mae'n bwysig deall at ba beth rydyn ni'n cyfrannu: ymddiddori yn y gwaith yw hynny. Mor bwysig yw bod gan eglwys, yn lleol ac yn genedlaethol, gynlluniau cyffrous i ennyn diddordeb y stiwardiaid yn eu goruchwylion. Ystyr hyn yw dweud bod angen partneriaeth fyw rhwng stiwardiaid Crist a'i gilydd ar bob gwastad o fywyd eglwys, oblegid gweision a stiwardiaid Crist sy'n gweithio mewn eglwys leol, ac ar fyrddau ac mewn swyddfeydd enwadol. Cyd-weision ydym, sy'n atebol i'n gilydd. Awdurdod gweision sydd inni oll.

Mae'n debyg nad yw'r wedd 'weinyddol', strwythurol ar bethau o fawr ddiddordeb i lawer, gan gynnwys yr ifanc. Ond dylem gysylltu'r pethau hyn ag egni, gweledigaeth, breuddwydio breuddwydion, cyffro a symud ymlaen, a newid y byd. Mae'n rhaid bod gofod i wrando a gweithredu. Golyga hynny mai cychwyn taith yw cyfrannu. Y prif gwestiwn i'w ofyn ynglŷn â chyfraniadau a gwariant ydyw: sut y maent yn hyrwyddo teyrnas Dduw yng Nghrist. Mae'n gwestiwn i'w ofyn ynglŷn â holl fywyd eglwys – ei haddoliad, ei gweinidogaeth a'i chenhadaeth, ei haddysg a'i hyfforddiant, ei strwythurau a'i bywyd. Cofiwn, nid dod i adeiladu eglwys wnaeth Crist ond i sylfaenu teyrnas Dduw yn ei fyd, a honno sydd i gynyddu; cyfrwng ydyw eglwys ac nid diben ynddi ei hun.

Ond er mai o fewn y Gymru gyfoes y mae ein cyfrifoldeb cyntaf, eto ni allwn anghofio, a'r byd bellach mor fach, teithio rhyngwladol mor rhwydd a rhyfeloedd a dioddefaint fu gynt mor bell oddi wrthym yn awr wrth ein drws, mor bwysig ydyw hyrwyddo teyrnasiad Duw yn ei fyd cyfan. Mor bwysig felly yw ein perthynas ag eglwysi eraill ledled byd; ein partneriaid ar raddfa ehangach ydynt. Mae rhannu ar y gwastad hwn – arian, adnoddau, ysbrydoledd, gweledigaeth a dyheadau, yn ogystal â gweddïo dros ein gilydd, yn allweddol bwysig wrth feddwl am yfory Duw. Am hynny, mae stiwardiaeth gyfrifol yn golygu cefnogi a derbyn oddi wrth fudiadau fel Cyngor Eglwysi'r Byd, Cyngor y Genhadaeth Fyd-eang (CWM), Cymorth Cristnogol, Mudiad Lausanne, Tearfund ac ati. Mae'r cyrff hyn yn ein hatgoffa fod gweithgarwch Crist yn weithgarwch byd-eang o gyfannu ac adfer ac iacháu, ac mai rhan fechan, ond rhan bwysig er hynny, o'r genhadaeth honno yw ein Cymru ni.

Trafodaeth

1. Pa mor bwysig ydyw i ni feithrin yr egwyddor o 'atebolrwydd' i Dduw ac i'n gilydd o fewn y Corff, o fewn eglwys leol ac yn ein perthynas ag enwadau eraill yn ein defnydd o adnoddau?

2. Pa mor bwysig yw 'gweld rhywbeth yn digwydd' i hybu cyfrannu? Sut fyddech chi'n gwerthuso 'pethau sy'n digwydd'?

3. A ydych yn fodlon ar eich cyfrannu? Pa swm sy'n briodol? A oes angen pennu swm, a pham?

4. A gytunwch fod ein defnydd o arian ar bob lefel o fywyd yn fesur da o'n blaenoriaethau?

Gweddi

        Arglwydd,

        rhoddaist i ni bopeth sydd gennym:
           agor ein llygaid,
           agor ein calonnau,
           tania ein hewyllys
           cyffroa ein dychymyg
           i ddirnad dy fwriadau
           a'u dilyn mewn diolchgarwch
           heb gyfri'r gost.

maddau i ni
mor brin yw ein ffydd,
ein meddyliau cyfyng, crintachlyd,
ysbryd bychanus
dwylo caeedig
sy'n atal codi pont,
yn oedi'r ddynoliaeth newydd.

perffeithia ynom dy gariad
fel yr aeddfedwn yn Iesu
yn hael, yn diamod ac yn ddiarbed
ein rhoi
gan fod yn gyfrwng bendith,
yn cyfannu bywyd.
Amen.

Emyn 610: 'Rho d'arweiniad Arglwydd tirion'

Rhannu'r Fendith.

PENNOD 9

Gwasanaethu'r Duw Byw: Rhaglen i Unigolion ac Eglwysi

Pwrpas y bennod yw llunio cynllun stiwardiaeth ar gyfer eglwys leol / eglwysi lleol. Buddiol efallai fyddai cael cynllun bychan i ddechrau a gall llwyddiant arwain at ei ehangu. Pwysleisiwn eto gynllunio gyda'n gilydd fel eglwysi o fewn ein cymunedau lleol fel y gallwn gyflwyno efengyl y Bendigedig Dduw fel Cristnogion yn hytrach nag fel enwadau.

Defosiwn

Emyn 516: 'Iesu ei hunan yw fy mywyd'

Mewn tawelwch gwrandawn ar farddoniaeth Alan Llwyd a/neu gerddoriaeth gan y Manic Street Preachers – y ddau'n disgrifio cyd-destun ein tystio heddiw. Wedi'r tawelwch, cawn wrando ar gadernid a gobaith yr efengyl sy'n ein cyfarch drwy eiriau Llyfr y Datguddiad.

Ein Dyddiau Didduw

Y Duw diymadrodd, mud; y Duw diymyrryd, marw;
Y bod ansylweddol, yr haniaeth ysbrydol heb rith:
ganed drygioni ar ffurf yr anghenfil garw,
a'r Duwdod nid ydyw'n preswylio nac yn rhodio yn ein plith.

Tramwywn, yn ein gwacter ystyr, dir wast i'n diflastod ysbrydol,
Ymbalfalwn am ddeupen yr incil yn y ffau lle mae'r bwystfil yn ben;
Profasom fiswail yr anifail, gan yfed ei lysnafedd drwy gydol
canrif y pryfed a'r cynrhon a fu'n pydru gweddillion y Pren.

Ein heilunod yw ein teclynnau, a delwau ein hideoleg;
y Peiriant yw'n cymundeb bara, a'r olew'n ei gylla yw'n gwin,
ac ni chlywn, er naïfrwydd ein clyfrwch, na galargan na chnul ein technoleg:
y mae ffynnon y werddon yn ferddwr, a'r enaid yn anialdir crin.
Yntau'n ymguddio o'n gŵydd ym mhellfaoedd ei nef hynafol,
a'r cread yn amddifad o Dduw, ond nid yn amddifad o Ddiafol.

(Alan Llwyd)

Gwrando ar 'Motorcycle Emptiness' (allan o *Generation Terrorists*) gan y Manic Street Preachers.

Tawelwch

Cyd-ddarllen o Lyfr y Datguddiad 5:11–14; 19:6–8

Gweddi (lleisiau o'r gynulleidfa)

Arweinydd:	O'n cwmpas, Arglwydd, y mae lleisiau anobaith:
Llais 1:	tlodi a newyn, mewn byd o ddigonedd,
Llais 2:	cri yr ifanc am weledigaeth, pwrpas a gobaith,
Llais 3:	anghyfiawnder ac annhegwch yn arwain at ddioddef anhygoel,
Llais 4	trais a thwyll, rhyfeloedd ac arswyd,
Llais 5:	dirywiad a dadfeiliad mewn byd llawn addewid a photensial.
Pawb:	**Mewn edifeirwch rydyn ni'n ymostwng wrth synhwyro maint ein methiant fel eglwysi ac fel dynoliaeth gyfan.**
Arweinydd:	Yn ein hedifeirwch a'n hymchwil am fywyd cyfan, crwn, nesawn atat yn ostyngedig ac yn agored ein calon a'n meddwl.
Pawb:	**Dysg i ni dy ffyrdd, O Arglwydd.**
Arweinydd:	Rwyt wedi ymddiried i ni dy newyddion da am gariad a maddeuant, am gymod a chyfiawnder, yn wir am obaith.
Llais 1:	Molwn di a dyrchafwn di.
Llais 2:	Rhyfeddwn at dy ymddiriedaeth ynom a diolchwn.
Llais 3:	Bendigedig fyddo Duw.
Pawb:	**Arglwydd, cynorthwya ni i ddefnyddio'r holl adnoddau a roddaist i ni er mwyn byw'r ffydd a gweithredu stiwardiaeth dda ym mywyd eglwys, bro ac ardal. Ffordd y bywyd yn Iesu Grist ydyw, er mwyn eraill ac er mwyn adeiladu dy deyrnasiad di, ffynhonnell ein gobaith, ein bywyd a'n llawenydd. Rydyn ni'n dyheu am weld 'priodasferch hardd yr Oen' yn dod i lawnder ei photensial fel cyfrwng ymestyn dy deyrnasiad di yn ein dyddiau ni. Amen.**

Cyflwyniad

Ein tasg yn y bennod hon yw dwyn at ei gilydd yr hyn rydyn ni wedi'i ddysgu ynglŷn â stiwardiaeth mewn cynllun sy'n ymestyn allan yn lleol. Yn gyntaf, ni allwn orbwysleisio bod yn rhaid i unrhyw weithredu fod yn fynegiant o'n ffydd yn Iesu Grist ac wedi'i wreiddio mewn addoliad a gweddi. Mae 'disgwyl wrth yr Arglwydd' yn hanfodol, oherwydd os nad yw ef yn 'adeiladu'r tŷ', ofer y gweithgarwch. Ond nid esgus dros wneud dim yw hyn gan y gall disgwyl fod yn greadigol. Mae hynny'n golygu disgwyl mewn myfyrdod a gweddi, sgwrsio a thrafod, a chwilio am gyfleoedd drwy ganfod anghenion y gallwn yn rhesymol eu cyflawni a sefydlu partneriaethau ar gyfer y dasg.

Beth a gais yr Arglwydd gennym? Beth sy'n ymarferol bosibl? Beth sy'n gwneud gwahaniaeth mewn cymdeithas ac ardal? Mae Duw yn ysgogi, yn ein galluogi i freuddwydio breuddwydion wrth i ni ddisgwyl wrtho, ac yn yr amser iawn, wedi paratoi priodol, i weithredu. Perthyn gweddi a gwaith yn annatod glwm wrth ei gilydd.

Mae rhai angenrheidiau wrth inni ddynesu at ein tasg:

- ein bod oll o'r un awydd am weld yr eglwys yn llwyddo fel stiwardiaid y bywyd sydd yng Nghrist, ei rannu a thystio iddo – hynny yw, cytundeb ar amcan;
- parodrwydd i ffurfio gweledigaeth mewn ffydd, i'w dilyn drwy fentro ac ymroddiad penderfynol;
- bod yn barod i fuddsoddi amser, egni, dawn ac arian yn y gwaith lleol y byddwn yn rhan ohono;
- bod perchenogaeth leol o'r cynllunio a'r gweithredu yn hollbwysig;
- disgwyl deilliannau i'n gweithgarwch: gwneud gwahaniaeth o fewn cymdeithas, cynnydd mewn ffydd ac ymroddiad wrth gynyddu mewn profiad;
- sbardun i'n hysgogi yw Gweddi'r Arglwydd ei hun sy'n galw arnom i ddyrchafu enw Duw, deisyfu ei deyrnasiad a gwneud ei ewyllys ar y ddaear. Gofynnwn hefyd am yr adnoddau angenrheidiol at y gwaith: bara beunyddiol, derbyn ac estyn maddeuant ac arweiniad. Cofiwn hefyd y tri gair sy'n ein disgrifio fel cyd-weithwyr Iesu Grist:

- **stiwardiaid** ydym ac ymddiriedwyd gwaith yr Arglwydd inni;
- **disgyblion** ydym a chawn ein dysgu gan yr Arglwydd wrth i ni ddilyn ei esiampl a'i addoli;
- **cyfeillion** ydym sy'n sôn am aeddfedrwydd perthynas â'r Arglwydd. Braint enfawr i ni yw iddo ddefnyddio'r gair hwn wrth i'w ddisgyblion dyfu yn eu hadnabyddiaeth ohono ac yn ei wasanaeth.

Cam 1: Meithrin awydd i fentro

Dylid mynd ati i feithrin yr awydd – sgwrsio fesul un neu ddau, efallai – i fentro torri trwy rigolau arferol bywyd eglwys ac arloesi tir newydd mewn ffydd a thystiolaeth. Wrth ystyried yr angenrheidiau uchod, sefydlu grŵp ystyried a gweddi yw'r angen cyntaf. Gall fod ar draws ffiniau eglwysig wrth gwrs.

Cam 2: Ffurfio grŵp stiwardiaeth
(boed o fewn cylch o eglwysi neu un eglwys yn unig)

Yna, yn dilyn Cam 1, awgrymwn benodi grŵp stiwardiaeth i gynrychioli'r gwahanol oedrannau ac adrannau o fewn bywyd yr eglwys(i). Ei gyfrifoldeb fydd ystyried yn weddigar pa gyfleoedd sydd i fod o wasanaeth i'r gymuned leol drwy holi pa grwpiau sydd eisoes ar waith, beth maen nhw'n ei wneud ac a fyddai modd i'r eglwys(i) ymuno yn y gwaith. Neu, holi pa anghenion sydd nad ydynt yn cael eu cyfarfod a dwyn syniadau i sylw'r eglwys(i).

Enghraifft bosibl fyddai ystyried y dirywiad sydd yng nghymdeithas cefn gwlad wrth i sefydliadau yno gau a'r boblogaeth ifanc symud oddi yno. Gallai'r grŵp stiwardiaeth gychwyn trafodaeth ehangach ynglŷn â chodi tai fforddiadwy, ailafael mewn gwasanaethau – o bosibl drwy drefnu gwirfoddolwyr i redeg y post, trafnidiaeth gyhoeddus, defnyddio adeilad(au) – rhai eglwysig o bosibl – ar gyfer gwahanol weithgareddau cymunedol gan gynnwys addoli. Dyma fyddai dechrau adeiladu cymunedau newydd a chreu teimlad newydd o berthyn a hunaniaeth ac ymateb i faterion fel unigrwydd neu anghenion gwahanol oedrannau mewn cymdeithas. Yn wir, mae dirywiad mewn bywyd cymdeithasol yn ehangach na chefn gwlad. Gellid darganfod y pwnc sydd wrth galon pobl leol – mae unigrwydd mewn gwlad a thref – a gellid ymateb yn greadigol a deniadol i'r pwnc hwnnw. Mae cyfleoedd felly'n gyfleoedd

---

unigryw i'r eglwys(i) ddangos grym yr efengyl ar waith yn creu gobaith a dyfodol newydd. Rhoi heb ddisgwyl dim yn ôl ac o bosibl dderbyn ffrwyth ar ei ganfed fyddai hyn. Gall yr eglwys fod yn gatalydd o fewn ardal.

Da fyddai penodi cadeirydd i'r grŵp i arwain, sbarduno ac ysgogi a chyfeirio'r gwaith. Wedi penderfynu ar gyfle i'w ystyried, gwaith y grŵp fydd paratoi ei gynlluniau'n fanwl gan eu seilio ar fywyd yr eglwys, ei haddoliad, astudiaeth Feiblaidd, gweddi a gweithgareddau eraill er mwyn dangos yr efengyl ar waith a phontio â chymdeithas.

Wrth gwrs, efallai na fydd un trywydd amlwg yn dod i'r golwg ar y dechrau ac y bydd angen meddwl ymhellach i ganfod cyfle sy'n ei gynnig ei hun ac sy'n ymarferol. I'r diben hwnnw gellid defnyddio holiaduron (megis Atodiad 1). Gellid defnyddio'r atebion i ddechrau ffurfio cynllun a chreu cysylltiadau yn y gymdeithas er mwyn ymgynghori ymhellach, tynnu eraill i mewn a symud ymlaen yn ymarferol. Gall yr heddlu neu'r llyfrgelloedd a'r ysgolion fod â chyfraniad i'r drafodaeth. Mae i'r eglwys gymryd yr arweiniad yn dystiolaeth i'r efengyl ynddo'i hun a bydd unrhyw ddeialog sy'n dilyn yn gyfle i fod o fudd ymarferol ac ysbrydol o fewn ardal a chymuned.

Bydd yn rhaid ystyried pa adnoddau sydd ar gael a pha rai ychwanegol fydd eu hangen. Dichon y bydd angen is-bwyllgor adnoddau i ystyried gofynion ariannol ac adnoddau dynol. Bydd angen gwneud cais am arian ychwanegol a chymorthdaliadau gan fudiadau eglwysig a seciwlar. Gallai dadansoddi mantolen ariannol yr eglwys(i) fod o gymorth i ddangos sut y defnyddiwn yr adnoddau sydd gennym eisoes, a'n helpu i ystyried a ydym yn gwneud y defnydd gorau o'r hyn sydd gennym a holi beth yw ein blaenoriaethau mewn gwirionedd (Gweler Atodiad 2).

Wrth ddechrau ar y dasg o lunio ein tystiolaeth, dylem ofyn pwy yw ein partneriaid: ai eglwysi eraill ynteu mudiadau eraill o fewn y gymdeithas, ac a yw hi'n briodol eu cynnwys o'r cychwyn cyntaf yn y drafodaeth er mwyn creu'r teimlad o berthyn a pherchnogaeth. Bydd yr ateb yn dibynnu rywfaint ar amgylchiadau lleol a gall fod yn gyfle i greu partneriaethau newydd. Gallai gweithredu heb holi am bartneriaid roi argraff ymerodrol mai mater mewnol yw stiwardiaeth i unrhyw eglwys er ei mwyn ei hun, yn hytrach na gwasanaeth er mwyn y gymdeithas a'r deyrnas. Ond ai dyna sy'n gyson ag efengyl Crist? Ai eglwys neu enwad yw'r flaenoriaeth ynteu hyrwyddo teyrnas Dduw? Rhaid gwylio rhag y cyhuddiad o geisio dylanwadu ar bobl i'w gwneud yn debyg i ni ein hunain. Gochel hynny yw meithrin gostyngeiddrwydd gwasanaethgar Crist-debyg. Gadawn iddo ef ein ffurfio drwy ei Ysbryd: 'oherwydd ei waith Ef ydym, wedi ein creu yng Nghrist Iesu i fywyd o weithredoedd da' (Effesiaid 2:10; BCN).

Cam 3: Creu awydd a brwdfrydedd

Wedi cael y bwriad at ei gilydd, bydd angen creu momentwm o'i blaid. Awgrymwn y canlynol:

- gwahoddiad personol i bob aelod o'r eglwys(i) sy'n rhan o'r fenter ac unrhyw un arall sydd â diddordeb i gyfarfod dros bryd bwyd, megis Swper Diolchgarwch, Cinio Gŵyl Ddewi;
- yn y cyfarfod, cyflwyno'r cynllun yn llawn a'r goblygiadau ariannol;
- pwysleisio sylfeini'r cynllun – mai mynegiant ydyw o'n stiwardiaeth yng Nghrist ac felly o werthoedd a blaenoriaethau cynhwysol teyrnas Dduw;
- dadansoddiad o'r gost ariannol, yn cynnwys y gwariant o fewn darlun cyfan o gyllideb yr eglwys(i) ac o bosibl ddangos newid pwyslais o gynnal achos at ymestyn allan. Gallai hefyd gynnwys grantiau posibl;
- o greu diddordeb, bydd angen gwahodd ymrwymiad;
- mae'n debyg y bydd llu o gwestiynau'n codi y bydd angen eu trafod ymhellach ac o bosibl gynnal ail gyfarfod;
- ar yr amser priodol gellid trefnu gwasanaeth stiwardiaeth er mwyn lansio'r fenter pan fydd popeth yn ei le i symud ymlaen (gweler Pennod 10).

Cam 4: Strwythurau cynhaliol

Wrth weithredu, bydd angen i'r strwythurau cynhaliol fod yn eu lle, er enghraifft Pwyllgor Rheoli yn cynrychioli pob carfan sy'n rhan o'r cynllun. Gellid cyfethol arno rai o'r gymuned neu ddefnyddwyr posibl neu rai â gwybodaeth neu brofiad proffesiynol perthnasol. Gall osod targedau datblygu i anelu atynt a pharatoi adroddiadau priodol a chyson i'r cefnogwyr fel bod pawb yn teimlo'u bod yn perthyn ac yn perchnogi'r gwaith. Buddiol fyddai creu rhyw fath o gyfansoddiad i'r pwyllgor(au) hyn er mwyn eglurder ynglŷn â chyfrifoldebau ac atebolrwydd.

Cam 5: Adolygu

Buddiol hefyd fyddai penodi grŵp adolygu i gadw llygad ar y datblygiadau a chynorthwyo i werthuso'r camau a gymerir ac annog y gwaith yn ei flaen. Mae adnoddau ar gael i helpu i grisialu'r weledigaeth megis rhai Eglwysi ynghyd ym Mhrydain ac Iwerddon neu CWM neu Cytûn a chynlluniau sydd eisoes ar waith, er enghraifft 2020 yr Eglwys yng Nghymru neu eraill o eiddo Eglwys yr Alban neu Eglwys Loegr (gweler y gwefannau am wybodaeth). Efallai y byddai unrhyw gymorth cyfreithiol, pe byddai ei angen, ar gael o swyddfa ganolog yr Eglwys.

Wrth gwrs bydd rhwystrau: 'allwn ni ddim am nifer o resymau – diffyg pobl, diffyg adnoddau, diffyg awydd ac ati'. Ond rhaid pwysleisio i'r Cristion mai hyrwyddo teyrnasiad Duw yn ei fyd fel stiwardiaid cyfrifol a wnawn. Mae delio â'n rhwystrau yn rhan o fenter ffydd ac felly rhaid eu goresgyn drwy wreiddio'r cyfan mewn gweddi ac addoliad, a bydd defosiwn personol ac eglwysig yn angenrheidiol ar bob cam o'r daith. Ond ni ddylai hynny fod yn rhwystr i unigolion, ffydd neu beidio, fod yn rhan o'r gwaith. Lle bynnag y mae Duw, y mae gobaith!

Storïau

(1) Roedd criw bach ohonom yn sôn am sut i ymestyn allan i'r gymuned leol. Dyma un oedd yn fam a phlant ifanc ganddi yn cynnig y syniad o drefnu Clwb Brecwast i famau a phlantos dan ddwyflwydd a hanner oed. Ei phrofiad hi oedd y gallai bod yn fam, yn enwedig gyda'r plentyn cyntaf, fod yn unig iawn. Felly bachwyd yn y syniad o Glwb Brecwast. Gyda chymorth grantiau a chyfraniad o'r capel, prynwyd teganau a'r nwyddau angenrheidiol i gychwyn y fenter. Nifer bychan oedd yn dod ar y dechrau – rhyw chwech o famau a'u babanod – ond erbyn hyn mae'r nifer wedi mwy na dyblu a threblu.

Fel arfer byddwn yn cyfarfod ar fore'r ail ddydd Mercher yn y mis am awr a hanner. Paratoir brecwast amrywiol ar gyfer y mamau: te a choffi, bara Ffrengig â chigoedd oer, pate neu samwn. Tost neu bap a bacwn yw'r ffefryn, gydag amrywiaeth o gaws a danteithion melys – a digon o ffrwythau! Tîm o ryw bedwar aelod o'r capel, gydag eraill wrth gefn yn ôl y galw, ynghyd â'r gweinidog sy'n trefnu hyn. Byddant hefyd yn gofalu am y babanod/plantos bach tra bo'r mamau yn cael rhyddid i sgwrsio a mwynhau. Yn wir, mae yma gymdeithas gynnes wedi hen ffurfio a braf yw cyfarch y mamau hyn ar y stryd neu yn y parc, hyd yn oed pan fyddant wedi hen adael y clwb.

Mae'r cyfryngau cymdeithasol – Twitter a Facebook – yn ffyrdd hwylus ac effeithiol o hysbysebu'r brecwast. Ond at hynny mae'r mamau eu hunain yn gwahodd eu ffrindiau. Ac mae'r gwirfoddolwyr eu hunain, aelodau o'r eglwys, yn gwerthfawrogi'r cyfle i chwarae eu rhan ym mywyd yr eglwys mewn ffordd ymarferol.

Bydd y sgwrs ar y boreau hyn yn amrywio: ni welwn hwn yn benodol fel cyfle cenhadol ond cyfle i gymdeithasu a pherthyn. Ond y syndod yw cymaint sy'n dangos diddordeb yng ngweithgareddau'r capel a daeth sawl rhiant yn aelodau wrth ddod â'u plant i'w bedyddio ac yna i'r ysgol Sul. Roedd nifer ohonynt wedi eu magu mewn capeli gartref ond heb gysylltu eu hunain â chapel wedi gadael y fan honno. Dymunol yw gweld rhai yn addoli fel teuluoedd ar y Sul.
Eunice Jones

(2) Eglwys fechan yw Carmel, Aberafan, bellach ond yno mae cartref Banc Bwyd Port Talbot. Mae'r banc yn bwydo rhai cannoedd bob blwyddyn ers 2014. Yma mae Margaret Jones yn crynhoi'r hanes ac yn dangos sut y gall eglwys fach fod fel burum yn y blawd. Cofiwn y bendithion sydd mewn anallu:

'Sefydlwyd Carmel yn y flwyddyn 1804 ar ôl ymweliad Howell Harris. Bu Mam-gu'n byw yn y Tŷ Capel rhwng y ddau Ryfel Byd a magwyd fy nhad yno: amser diweithdra, amser y tlodi ac amser y ceginau cawl. Roedd Mam-gu yn rhedeg un o'r rhain o'r festri. Rwy'n cofio'i storïau am y cyfnod ofnadwy yna ac roedd hi'n arfer dweud, "Rwy'n falch na fyddi di byth yn gweld amser pan fydd eisiau cegin cawl." A nawr, mewn cyfnod arall o galedi a llymder, mae Carmel yn agor ei ddrysau unwaith eto gan redeg banc bwyd. Eglwys fach iawn yw Carmel ac nid oedd modd yn y byd i redeg hwn heb gymorth llawer o bobl o eglwysi eraill y dref a haelioni anhygoel Port Talbot. Mae'r gwirfoddolwyr yma yn wych. Braf cael ymestyn "gwin ac olew Calfarî" i bobl sydd mewn argyfwng a brafiach byth yw gwrando ar eu hymateb: rhai'n ad-dalu popeth unwaith eu bod nhw'n gallu ymdopi unwaith eto; rhai'n dod i wirfoddoli. Bendigedig! A Mam-gu yn troi yn ei bedd!'

(3) Corwynt Cariad

Bob hyn a hyn mae rhai eglwysi, mewn partneriaeth â Chymorth Cristnogol, yn trefnu apêl i gyfarfod â gofyn neu ofynion penodol mewn gwlad neu ardal yn y byd. Yn 2017 cymerodd aelodau Eglwys Bresbyteraidd Cymru rai o anghenion Ynysoedd y Pilipinas fel prosiect blwyddyn, gan osod nod o £14 yr aelod i anelu ato. Yn wyneb bygythiad corwyntoedd a'r rheini'n cynyddu mewn nifer a grym ac yn dinistrio bywydau a chymunedau, yn enwedig slymiau a bywydau pobl dlawd, cefnogi cynlluniau a bwriadau partneriaid Cymorth Cristnogol oedd eisoes ar waith yn y Pilipinas yn lliniaru'r bygythiadau hyn oedd y nod. Mae tri o'r partneriaid hyn, sef UPA, FORGE a RWAN. Mae eu prosiectau lleol nhw'n amrywio o hawliau tiroedd ac adeiladu tai yn lle slymiau, creu gwaith er mwyn gwella incwm a rhagolygon, a chynllunio i osgoi neu amddiffyn pobl a chymunedau rhag canlyniadau trychinebus corwyntoedd tebyg i Gorwynt Haiyan (2013) a laddodd 6,300 o bobl ac effeithio ar 1.3 miliwn o deuluoedd neu 8 miliwn o unigolion. Ond y pwynt yn awr yw i'r Eglwys gyfan fynd ati i gynllunio a gweithredu amrywiaeth mawr o ddigwyddiadau gan unigolion a grwpiau, gan ddefnyddio'i strwythurau i ddosbarthu gwybodaeth, rhannu syniadau, annog yn gyson a derbyn arian. Dyma enghraifft o raglen ar gyfer Eglwys: yr aelodau yn ei pherchnogi ac yn ymateb, a'r canlyniadau o ran yr arian a gasglwyd a'r fendith i ardaloedd y Pilipinas ac wrth gwrs aelodau'r Eglwys. Ar ôl sôn drwy'r penodau blaenorol am rai o'r gwahanol feysydd y gall stiwardiaid Crist ymddiddori ynddynt, tybed nad oes yma fodel o gynllunio, gweithredu a thystio i'r efengyl y gall eglwys leol/eglwysi lleol, heb sôn am enwadau gyda'i gilydd, ei ddilyn i gyflwyno'r efengyl i'n byd cyfoes ni?

Myfyrdod:

Cyfryngau

Nid oes gan Grist ddwylo ond ein dwylo ni
I wneuthur ei waith yn awr;
Nid oes ganddo draed ond yr eiddom ni
I fynd ar ei neges fawr.

Tafod ni fedd ond ein tafod ni
I sôn am rinwedd ei waed;
Na breichiau chwaith ond ein breichiau ni
I ddwyn y byd at ei draed.

Beth os yw'n dwylo ni'n brysur iawn
Mewn gwaith nad yw'n eiddo Ef?
Beth os yw'n traed yn tramwyo'r ffordd
Lle mae pechod yn groch ei lef?

Beth os yw'n tafod o hyd yn sôn
Am bethau sy'n groes i'w fryd?
Pa fodd y disgwyliwn ei helpu Ef
I ddyfod yn ôl i'r byd?

Gwilym R. Tilsley
(Gyda chaniatâd parod Dr Gareth Tilsley)

Gweddi

Arglwydd, crëwr a chynhaliwr y greadigaeth, cyfryngwr y bywyd llawn, rwyt wedi ymddiried i ni y dasg o alluogi eraill i'th ganfod a'th fwynhau ac felly i godi pontydd â'r byd o'n cwmpas fel y gwêl pawb ryfeddod dy ffyrdd. Dyro i ni nerth i beidio â bodloni ar gynnal yr achos yn unig, ond i gynllunio'n fanwl i ymestyn allan y tu hwnt i furiau ein hadeiladau neu draddodiadau ein henwadau, yn hyderus yn dy enw. Meithrin ynom:

- ostyngeiddrwydd i wasanaethu ein hoes a'n hardal;
- dewrder i ddal ati, heb flino na diffygio;
- cyffro yn dy waith drwy ddisgwyl wrthyt;
- hunanddisgyblaeth a dyfalbarhad fel stiwardiaid dy holl adnoddau;
- awydd angerddol i'th wasanaethu gyda'n gilydd mewn undod Cristnogol.

Yn bennaf, llanw ni â'th gariad hael nes y byddom oll yn gorlifo â chariad fel ein bod yn ein rhoi ein hunain i eraill mewn cariad gan ddilyn Iesu ei hun. Ef yw'n patrwm, ein hysgogydd, ein Harglwydd a'n cyfaill. Amen.

Cydadrodd Emyn 767: 'Cymer, Arglwydd, f'einioes i'

Y Fendith.

PENNOD 10

Gwasanaethu'r Duw Byw: Addoli

Ymdrech sydd yma i dynnu at ei gilydd wahanol themâu'r astudiaeth mewn gwasanaeth o addoliad. Pwysleisiwyd gydol yr astudiaethau bwysigrwydd addoli Duw yng Nghrist, ffynhonnell ein gweledigaeth a'n hegni, sylfaen ein holl weithgarwch. Gellid cynnal y gwasanaeth hwn ar unrhyw bryd sy'n hwylus i'r grŵp stiwardiaeth mewn eglwys neu eglwys(i). Gall fod yn fan cychwyn trafodaeth ar y pwnc neu ei addasu i fod yn gyfarfod lansio gweithgarwch, neu gall fod yn wasanaeth o ymgysegriad cyffredinol yng ngwaith yr Arglwydd.

MAWL A DIOLCH

Arweinydd: Croeso i bawb i'r gwasanaeth hwn o addoliad sy'n oedfa o ymgysegriad i'r Arglwydd Iesu Grist a'i waith yn ein plith. Dechreuwn drwy ddathlu ein ffydd.

Emyn 135: 'Diolchwn oll i Dduw'

Llais 1: Dathlwn ein ffydd yn y Duw Byw, Crëwr a Rhoddwr Bywyd.
Darllen: Salm 104, adnodau 1–6.

Pawb: **Mawr wyt ti, Arglwydd, a rhyfeddol yn dy holl ffyrdd.**

Llais 2: Dathlwn ein ffydd yn y Duw Byw, Arglwydd a Chynhaliwr Bywyd.
Darllen: Salm 104, adnodau 10–12.

Pawb: **Mawr wyt ti, Arglwydd, a rhyfeddol yn dy holl ffyrdd.**

Llais 3: Dathlwn ein ffydd yn y Duw Byw, Llywiwr yr Oesoedd.
Darllen: Eseia 40, adnodau 28–31.

Pawb: **Mawr wyt ti, Arglwydd, a rhyfeddol yn dy holl ffyrdd.**

Llais 4:	Dathlwn ein ffydd yn y Duw Byw, yn Iesu, ffynhonnell y bywyd llawn, a'r Ysbryd Glân, ein galluogwr. **Darllen:** Ioan 4, adnodau 13–14a.
Pawb:	**Mawr wyt ti, Arglwydd, a rhyfeddol yn dy holl ffyrdd.**
Llais 5:	Dathlwn ein ffydd yn y Duw Byw, ein gobaith personol a gobaith yr oesoedd, ein cenedl a'n byd. **Darllen:** Rhufeiniaid 15:13.
Pawb:	**Mawr wyt ti, Arglwydd, a rhyfeddol yn dy holl ffyrdd.**
Llais 6:	Bendigedig fyddo Duw a roddodd i ni newyddion da ei gariad ac a'n gwnaeth ni yng Nghrist yn gyfryngau newyddion da yn y Gymru a'r byd cyfoes, ac yn benodol yn … *enw'r pentref/fro/ardal*
Pawb:	**I'r hwn sydd yn ein caru ni, ac sy'n ein rhyddhau ni oddi wrth ein pechodau â'i waed, yr hwn a'n gwnaeth ni yn urdd frenhinol, yn offeiriaid i Dduw ei Dad, iddo ef y bo'r gogoniant a'r gallu, byth bythoedd. Amen.**
Gweddi:	Nesawn atat ti, y Duw Byw, gan lawenhau ynot mewn rhyfeddod at dy holl ffyrdd. Ymostyngwn gan gydnabod mai ti yw'r Un sanctaidd a dyrchafedig:

Lleisiau o'r gynulleidfa:

- Ti yw'r Arglwydd na all ein meddyliau dy gwmpasu na'n geiriau dy fynegi'n llawn. Rhyfeddwn mor brydferth, mor gyfan a llawn yw dy greadigaeth.
- Bendigwn dy waith drwy'r oesoedd wrth i ti gyfeirio cenedlaethau atat ti dy hun – ffynhonnell ein bywyd a'n gwareiddiad.
- Dyrchafwn enw Iesu, cyfryngwr y bywyd llawn.
- Gwnawn yn fawr o'r fraint a'r ymddiriedaeth a osodaist arnom trwy ein galw a'n hanfon i fod yn sianelau dy fywyd er mwyn adnewyddu bywyd dy fyd.

- Rydyn ni'n dyheu am gael ein llenwi nes inni orlifo â'th gariad ac iddo ffrydio trwom i adnewyddu bywyd ein dydd.

Pawb: **Dywedodd Iesu, 'Fel y mae'r Tad wedi fy anfon i, yr wyf fi hefyd yn eich anfon chwi.'**
Dathlwn ein ffydd a'n galwad i fod yn bobl i'r Arglwydd heddiw.

Cydadrodd Gweddi'r Arglwydd

Emyn 285: 'Tydi yw'r wir winwydden, Iôr'

Y GAIR

Wrth wrando ar y darlleniad, ystyriwn yn dawel mor rhyfeddol:

- yw'r Duw sy'n galw ac yn anfon;
- y Duw sy'n teimlo dioddefaint a doluriau ei bobl;
- y Duw sy'n adfer ac yn rhyddhau ei bobl;
- y Duw sy'n addo nerth a gallu i'w weision ydyw.

Darlleniad: Exodus: 3:1–10

(*Gellir rhoi'r pwyntiau uchod ar sgrin neu ar bapur i'r gynulleidfa eu hystyried wrth wrando'r adnodau'n cael eu darllen. Buddiol hefyd fyddai tawelwch i'w hystyried.*)

Tawelwch

Arweinydd:

Dymuniad oesol y Duw Byw yw rhyddhau ei bobl o'u caethiwed ac iacháu eu doluriau. Mae'n galw arnom ninnau i deimlo poen a dolur pobl o'n cwmpas a thrwy'r byd ac i fod yn gyfryngau ei gariad.

Darlleniad: 2 Corinthiaid 5:17–21
(*Unwaith eto gellir rhoi'r pwyntiau canlynol ar sgrin neu bapur i'r gynulleidfa eu hystyried wrth wrando ar y darlleniad.*)

Pwrpas Duw yn Iesu Grist ydyw cymodi'r byd ag Ef ei hun.

- Mae'r rhai sydd yng Nghrist wedi profi'r cymod hwn.
- Iddyn nhw yr ymddiriedwyd neges y cymod i'w chyhoeddi a'i rhannu.
- Wrth 'fod yng Nghrist' cawn egni ei fywyd ef ynom a'i gynnal ynom trwy ein haddoliad.
- Cenhadon Crist ydym. Parhau ei waith Ef ar y ddaear a wnawn.

Arweinydd:

Stiwardiaid a chenhadon Crist ydym. (*Yma gellir rhannu manylion unrhyw fenter sydd dan sylw er mwyn ei lansio neu dynnu sylw at gyfrifoldeb pob un fel stiward a'r angen i fynegi hynny.*)

Anerchiad: Hebreaid 11: 10

'Disgwyl am ddinas ag iddi sylfeini saer ac adeiladydd yr hon yw Duw'

Cyflwyniad:

Calonogi ac ysbrydoli oedd pwrpas yr awdur wrth annog Cristnogion digon llipa, tua diwedd y ganrif gyntaf, oedd yn barod efallai i ddychwelyd at eu hen ffyrdd ac felly mewn perygl o golli eu ffydd. Un ffordd o'u hysgogi ydoedd eu hatgoffa am wŷr dewr y ffydd a'u tystiolaeth dros y canrifoedd. Canolbwyntiwn ar Abraham (*nodi yma ei hanes a'i ffyddlondeb*). Gosododd sylfaen dinas Duw a chyfrannodd eraill o oes i oes at ei hadeiladu. Dyna yw'r disgwyl y sonnir amdano yma: gwelai'r awdur at yr Hebreaid y ddinas yn cael ei hadeiladu ymhellach gan Iesu o Nasareth, ei fywyd a'i waith, ei farw a'i atgyfodi. Mae'n annog ei ddarllenwyr i ddal gafael yn eu ffydd a dysgu ymhellach oddi wrth eu cyd-Gristnogion i ddal ati heb flino na diffygio. Fel pob cenhedlaeth arall o Gristnogion, ein tasg ninnau yw cyfrannu at adeiladu'r ddinas ar gefndir bywyd yr unfed ganrif ar hugain. Dyna yw hanfod ein stiwardiaeth.

Ystyriwn dri phwynt i'n hysgogi ymhellach yn y gwaith.

1. Duw'r presennol yw'r Duw Byw

Nid enciliodd Duw o'i fyd na dianc rhag ei hagrwch a'i ddioddefiadau, ac nid yw'n cuddio'r tu ôl i athrawiaethau'r ffydd. Yn Iesu daeth i'w uniaethu

---

ei hun â sefyllfa ac argyfwng dynoliaeth. Am hynny, nid gan y düwch a'r hagrwch, na chan gasineb neu anobaith y mae'r gair olaf. Fe'u gorchfygodd ar y groes, ac yn ei atgyfodiad torrodd gwawr newydd ar ddynoliaeth gyfan. Ei fwriad trwom ni, ei bobl, yw lledaenu'r wawr. Cyfannu'r drylliedig a'r dolurus, hybu maddau a chymodi, hyrwyddo creu perthynas newydd a wna drwy Iesu Grist. Trwy ei egni neu ei ysbryd y mae ar gerdded drwy'r holl fyd yn chwalu muriau a rhagfarnau, yn datod hen gloeon a malurio hen folltau, yn creu perthynas â chymunedau newydd pan gaiff gyfle i wneud ei waith, yn arbennig drwy ei bobl.

2. Duw'r dyfodol yw'r Duw Byw

Trwy gyfrwng ei ffydd gwelai Abraham y ddinas yn cael ei hadeiladu, a daeth pob cenhedlaeth a'i dilynodd â'i chyfraniad i hyrwyddo pwrpas Duw o nef newydd, daear newydd a dynoliaeth newydd – hynny yw, y ddinas yn ei llawnder terfynol. Yng Nghymru cawsom gyfraniad saint yr oesoedd, eu llannau a'u cymunedau addoli a gwasanaethu. Cawsom gewri'r ffydd: William Salesbury, William Morgan, John Penry, Morgan Llwyd, Williams Pantycelyn, Howell Harris, Daniel Rowland ac eraill – yn bregethwyr, beirdd a llenorion, yn athrawon a meddygon ac ati, hyd at ein dyddiau ni. Yr hyn a gynhaliodd wroniaid y ffydd o oes i oes oedd eu cred eu bod yn rhan o bwrpas y Duw Byw yn ymestyn ei 'deyrnas'. Wrth gael cipolwg ar y deyrnas honno a photensial ei dyfodol, cawsant eu gwefreiddio gan y posibiliadau o nef newydd a daear newydd, a dynoliaeth newydd wedi ei sylfaenu ar gariad lle mae maddau cam a gelyniaeth yn rhoi lle i gyfiawnder a chymod, brawdgarwch a chymwynasgarwch, a'r rheini'n clymu pobloedd â'i gilydd.

Yng ngrym ysbryd Duw creu teulu yn perthyn i'n gilydd a wnawn, creu cymunedau o gariad lle mae pobl yn cyfrif ac iddynt urddas, gwerth a phwrpas, lle mae pobl yn teimlo'u bod yn perthyn ac yn cyfrif. Gwraidd yr argyhoeddiad yw mai'r Duw Byw, crëwr a chynhaliwr, biau'r dyfodol yng Nghrist, ac y cawn ein galw i ymuno gydag ef i lunio'r dyfodol hwnnw yn y man lle rydym. Mewn dyddiau dwys fel ein dyddiau ni, tasg y stiwardiaid o Gristnogion yw adfer hyder a gobaith dynoliaeth mewn dyfodol i fyd a gwareiddiad. Nid Duw ddoe yw ein Duw ni yng Nghrist ac nid Duw'r presennol yn unig ydyw chwaith; mae ei olwg ar yfory newydd ei deyrnas.

3. Y Duw Byw sy'n pontio'r presennol a'r dyfodol

Trwy'r oesoedd, dewisodd y Duw Byw weithio yn ei fyd drwy ei bobl. Trwy eu bywyd a'u gwaith a'u tystiolaeth nhw y mae'n rhoi rhagflas o'r dyfodol newydd y mae'n ei lunio. Tasg y stiward yw sicrhau bod bywyd yr Eglwys heddiw yn rhoi i'r dyddiau hyn ragflas neu ernes o fywyd Teyrnas Dduw – y dyfodol newydd y mae Ef wrthi'n ei lunio. Mae'n fywyd sy'n gorlifo â chariad at bob un. Cymunedau i orlifo â chariad ydym, ac felly'n ddylanwad sy'n dyrchafu ac yn cyfannu bywyd bro ac ardal. Mae ein golwg ar Iesu, ffynhonnell cariad, ac ynddo ef a thrwyddo ef gallwn fyw cariad. I'r diben hwn o fod yn rhagflas o'i ddyfodol Ef, rhoddodd Duw i ni adnoddau: doniau, amser, egni, arian, eiddo, ewyllys a gweledigaeth, deall a dirnadaeth. Cawn ein galw beunydd i nesáu ato a pharhau i gael ein gwefreiddio yn ei wasanaeth, a'n llenwi â grym ac egni i ddal ati yn ei waith trwy ddefnyddio'r hyn sydd gennym i adeiladu'r ddinas ac iddi sylfeini. Ni allwn ddweud ein bod yn wan neu'n fach o rif, oherwydd, o fewn ein hardaloedd, mae gennym gyd-stiwardiaid â'r un pwrpas, er eu bod o draddodiadau gwahanol, efallai. Trwy weithio gyda'n gilydd gallwn yn wir fod yn hardd 'briodasferch yr Oen' a chyfrannu at adeiladu'r ddinas ac iddi sylfeini ac felly rhannu ym mwriad Duw heddiw ac ar gyfer yfory ein plant. Bachwn o ddifrif yn ein braint fel stiwardiaid dinas Duw er mwyn Iesu ac er mwyn dynoliaeth. Amen.

Emyn 619: 'Am dy Eglwys, Iôr bendigaid'

YMGYSEGRIAD

Deialog

Person 1:   Be' wyt ti'n feddwl o'r busnes stiwardiaeth 'ma?

Person 2:   Wel, dw i ddim yn lecio'r teitl; ma'n rhy debyg i fòs mewn gwaith, a tydw i ddim yn lecio hynny, o gofio am y giaffar yn y lle 'cw.

Person 3:   Ie, dwi'n dallt hynny ond mae'n deud rhywbeth pwysig iawn wrthon ni.

Person 2:   O ie, be' felly?

Person 3: Wel, 'drycha ar y byd o dy gwmpas di a'r pethau sy'n digwydd bob dydd. Tydi rhai rhannau o'r dref ddim ffit i fynd iddyn nhw gyda'r nos o achos diod a drygs ac ati. Tydi pobol ddim yn teimlo'u bod nhw'n saff.

Person 1: Ie, wel, mae hynny'n broblem fawr. Mae hi wedi bod felly erioed yn fanno. Ond mae yna bethau yn nes adre hefyd. Beth am Mrs Jones, Tŷ Pen, wedi claddu ei gŵr wythnos dwytha a fawr neb i edrych amdani, neu beth am Mandi drws nesa i ni, yn ddeunaw a dau o blant bach ganddi, a neb i fod yn gefn iddi?

Person 3: Wel, tydi hi mo'r unig un, nagdi! A meddylia am y plant yn y stad 'na sy'n cael fawr o gyfle am nad oes cefnogaeth gartre. Dim ysgol Sul, a cherdded y stryd dw i wedi gweld y rhan fwya' ohonyn nhw drwy'r haf.

Person 2: Wel ie, ond beth am y Gwasanaethau Cymdeithasol a'r Cyngor Sir? 'Dan ni'n talu digon o drethi, a be' maen nhw'n neud? A be' fedar y capal 'ma neud? 'Dan ni mor fach ac yn mynd yn hŷn – a Chaerdydd yn cymryd y cwbwl!

Person 1: Ie, ond o'n i'n dallt mai 'stiwardiaeth' ydi'n bod ni'n edrych ar be' sgynnon ni a bachu ar bob cyfle i neud rhywbeth os medrwn ni.

Person 2: Ond be' fedrwn ni sydd yn ein saithdegau a'n hwythdegau neud? Fedrwn ni ddim delio efo plant afreolus Mandi, heb sôn am fedru delio efo Mandi ei hun.

Person 3: Na, mae hynny'n reit wir, ond hwyrach y dylen ni ofyn be' sgynnon ni i'w gynnig. Meddylia am Jini Hughes: mae hi'n gwau ac yn gwnïo ers cyn cof. Neu Magi Jôs, sydd wedi bod yn dysgu Cerdd mewn ysgolion, er ei bod hi bellach yn tynnu mlaen. Mae Wil bach yn siaradwr diddan iawn a Jac Dafis yn arddwr da ac yn hynod o ffyddlon. Ac mae gynnon ni adeilad!

Person 1:	Wel, dyna ti'n dechrau ar bethau rŵan. 'Dan ni ddim mor dlawd ein hadnoddau ac mi allwn i gyd gyfrannu rhywbeth – os nad o'n harian, mae gynnon ni amser a rhyw ddawn. A does dim rhaid iddyn nhw ddod o'n capel ni nac unrhyw gapel arall. Mae gwirfoddoli yn y ffasiwn. Rhywun sy am helpu heddiw, yntê.
Person 2:	Ond be sydd a 'nelo hyn â'r capel, canu emynau, gwrando pregeth ac ati?
Person 1:	Ti'm yn gweld? Am ein bod ni'n canu emynau a phethau ac yn trio dilyn Iesu, ac am ein bod ni'n griw mor fach, rhaid i ni feddwl sut ydyn ni'n gadael ein hôl ar yr ardal er daioni, ac yn gneud rhywbeth i wella pethau. Ac yn fwy na hynny, er mwyn i'r criw ifanc 'ma nabod Iesu Grist.
Person 3:	Dwi'n cytuno efo hwnna. Efallai fod Mandi a Mrs Jones, Tŷ Pen, yn teimlo'n ddigon unig weithiau, neu efallai dydi'r plant ddim wastad yn cael y cyfleoedd gorau oherwydd diffyg gwaith neu ddiffyg bwyd maethlon neu ddim bwyd o gwbl. Mae gynnon ni rywbeth i'w gynnig, yn does. Mae'n siŵr hefyd fod gan Mandi a Mrs Jones rywbeth i'w gynnig. Hwyrach mai gneud *efo* pobl, ac nid er mwyn pobl, ddylen ni.
Person 1:	Wel, ie … (*gan bendroni*) Falle y byddai Mandi am helpu i redeg grŵp gwau neu Mrs Jôs, Ty Pen, am drefnu clwb cinio. Be' am ofyn i Wil a Jac helpu pobl ifanc ddi-waith i ddysgu garddio neu baentio, a Magi i ddysgu plant bach i ganu? 'Dan ni wrthi'n barod yn cefnogi'r banc bwyd. Ond fedrwn ni ddim gorfodi dim ar neb. Falle fod rhaid dod i nabod pobol rywsut. Ti'n meddwl mai dechrau efo'r ifanc ddylen ni?
Person 3:	Hm, waeth pa mor amheus wyt ti (*yn troi at berson 2*), byddwn ni'n cynnig cyfle i bobl weld be' mae Duw'n ei neud a 'dan ni'n rhan o'i waith O'n codi pont, a pheri i bobl

deimlo'u bod yn cyfri ac yn perthyn. Dyma drio dod â'r eglwys a'i neges i ganol bywyd y byd o'n cwmpas. Yr ifanc amdani!

Person 1:   Falle y byddwn ni'n gosod sylfeini newydd i ddyfodol yr hen ardal 'ma.

Person 2:   Wel, dw i ddim yn siŵr am yr holl bethau newydd 'ma. Tasa pobol yn dŵad i'r capel 'ma fel y cawson ni ein dysgu, mi fasa popeth yn iawn. Ond mae'n siŵr na ddôn nhw ddim. Mae'r oes wedi newid ac os ydi hi'n bosib dod â rhyw fath o fynd newydd i'r capel 'ma ... mi ro i gynnig arni.

Darllen: 'I'r Gweddill', *Cerddi Mawl*, W. Rhys Nicholas

Os oes cyflwyno cynlluniau grŵp Stiwardiaeth er mwyn i'r eglwys gyfan (neu'r eglwysi ynghyd) eu cadarnhau, gan gynnwys yr holl fanylion, gellid gwneud hynny yma gan ddefnyddio lluniau neu sleidiau etc. Os nad oes cynlluniau ar gael, gellid yma sôn am bosibiliadau.

Y gynulleidfa i sefyll a phawb i gydadrodd:

Am fod cariad Duw yn Iesu Grist wedi cyffwrdd â'n bywyd ni ac wedi rhoi i ni lawenydd a gobaith, ac oherwydd i Dduw ein cymell i rannu a chyhoeddi'r cariad hwn, yr ydym ni, aelodau eglwys(i) ..., wedi ystyried ein cyfleoedd, ac yn eu cyflwyno i'r Duw Byw gan ofyn am ei arweiniad. Ymrwymwn i roi o'n hamser, ein hegni, ein doniau a'n harian yn ôl y gofyn er mwyn hyrwyddo'r gwaith.

Y gynulleidfa i eistedd a phob unigolyn ar ei ben ei hun i ddweud mewn tawelwch:

Mewn diolchgarwch ac ymateb i gariad Duw tuag ataf fi yn Iesu Grist ymrwymaf i gyfrannu amser, dawn, egni a swm o arian (*nodi swm wythnosol*) at waith yr eglwys a'i chenhadaeth yn lleol ac yn fyd-eang.

Arweinydd:

Rydym yn comisiynu (*enwau'r Pwyllgor Stiwardiaeth*) i fod yn bwyllgor i lunio ac/neu i weithredu ein cynlluniau. Cyflwynwn hwy i Dduw gan weddïo am ei arweiniad, ei ddoethineb a'i egni iddynt fel y gallant gyflawni eu gwaith a dwyn ffrwyth yn ei enw.

Pawb: Amen.

Gweddïwn:

Arweinydd:	Rhoddodd yr Arglwydd i ni newyddion da i'w rhannu.
Pawb:	**Awn ymlaen â'r gwaith.**
Arweinydd:	Rhoddodd yr Arglwydd i ni adnoddau ar gyfer y gwaith.
Pawb:	**Awn ymlaen i'w defnyddio.**
Arweinydd:	Addawodd yr Arglwydd ein harwain a'n nerthu yn y gwaith.
Pawb:	**Awn ymlaen yn hyderus.**
Arweinydd:	Dangosodd yr Arglwydd i ni gyffro a gwefr ei deyrnas.
Pawb:	**Meddiannwn y cyffro ac awn ymlaen fel ei stiwardiaid yng ngrym ei gariad. Arglwydd, tywys, arwain a defnyddia ni fel y byddwn yn gyfryngau dy fendith. Amen.**

Emyn 319: 'Wele'n sefyll rhwng y myrtwydd'

Y Fendith.

ATODIAD 1

HOLIADUR CENHADOL

Dyma gwestiynau a sampl o syniadau i greu holiadur er mwyn helpu i gynllunio bywyd eglwys drwy ganfod ei chryfderau a'i gwendidau, y cyfleoedd sydd ar gael iddi, a'r bygythiadau posib i'w gweithgarwch.

1. Enw'r eglwys

2. Oedrannau:

15–20 _____ 21–30_____ 31–50 _____

51–60 _____ 61–70 _____ 71–80 _____ 80+_____

3. CRYFDERAU

A oes ystod eang o oedrannau ymysg aelodaeth eich eglwys?

A yw addoliad eich eglwys yn gyffrous ac yn adfywiol?

A yw gweithgareddau eich eglwys yn hybu cymdeithas rhwng yr aelodau a'i gilydd?

A yw eich eglwys yn dylanwadu ar gymdeithas drwy dystiolaeth a gwasanaeth?

4. GWENDIDAU

Nid oes gennym ystod eang o aelodaeth (nodwch y gwendidau).

Nid yw ein haddoliad yn fywiog nac yn hybu twf yn y ffydd (nodwch fanylion).

Nid oes gan ein heglwys ymdeimlad cryf o alwad i dystio a gwasanaethu.

Nid oes gan ein heglwys ysgol Sul.

Nid oes gan ein heglwys arweinwyr i ymestyn allan a hyfforddi yn y ffydd.

5. CYFLEOEDD

Pa gyfleoedd yr hoffech fachu arnynt fel eglwys?

A oes rhai o'r canlynol yn berthnasol?

Ymestyn allan:

a) at blant

b) at ieuenctid

c) at y rhai hŷn

ch) at deuluoedd

d) at unrhyw angen o fewn y gymuned a fyddai'n gyfle i rannu'r efengyl a thystio iddi.

Pa adnoddau sydd gennych fel eglwys?

a) mewn aelodaeth

b) yn wrandawyr

Pa sgiliau/ddoniau y gallwch chi eu cynnig i ddatblygu bywyd eich eglwys?

Faint o amser sydd gennych i'w gynnig i wasanaeth eich eglwys?

Pa hyfforddiant sydd ei angen ar gyfer gwasanaethau ac ym mha feysydd?

---

6. BYGYTHIADAU

Beth yw'r bygythiadau, yn eich tyb chi?

a) i'ch ffydd

b) i fywyd eich eglwys

Beth yw'r rhwystrau i dystiolaeth a gwasanaeth yn eich cymuned?

Sut mae gorchfygu'r bygythiadau hyn?

Beth yw eich gweledigaeth am ddyfodol eich eglwys?

Beth fyddech chi'n hoffi ei weld yn digwydd?

Dros y 2 flynedd nesaf:

Dros y 4 blynedd nesaf:

Dros y 6 blynedd nesaf:

Dros y 10 mlynedd nesaf:

Pa ymrwymiad ydych chi'n barod i'w wneud er mwyn sylweddoli'r weledigaeth?

HOLIADUR I'R GYMUNED

A. TRIGOLION Y PENTREF NEU'R GYMDOGAETH

1. Faint o fewn yr oedrannau canlynol sydd yn eich cartref chi?

	G	B
1–11	_____	_____	_____
12–18	_____	_____	_____
19–30	_____	_____	_____
31–50	_____	_____	_____
51–69	_____	_____	_____
70+	_____	_____	_____

2. Nodwch faint sydd:

O fewn oedran meithrin _____

O fewn oedran ysgol _____

Mewn gwaith _____

Yn ddi-waith _____

Wedi ymddeol _____

Yn gofalu am y cartref _____

Arall _____

3. Pa ieithoedd a siaradwch?

Saesneg yn unig   _____

Cymraeg / Saesneg   _____

Cymraeg iaith gyntaf   _____

4. A ydych yn addoli?

Yn gyson   _____

Yn achlysurol   _____

Byth   _____

5. A fyddech yn gwerthfawrogi cael trefniadau addoli yn y pentref neu'r gymdogaeth?

Byddwn / Na fyddwn

B. ADNODDAU

6. Pa adnoddau sydd yn y pentref neu'r gymdogaeth?

Siopau

Canolfan gymdeithasol

Gwahanol fathau o gartrefi, e.e. tŷ, tŷ ar rent, fflatiau

Mannau cyfarfod:

tafarnau

siop golchi dillad

siop sglodion

Trefniadau hamdden / mwyniant

Gofal iechyd

Trefniadau i'r anabl

7. Pa adnoddau eraill yr hoffech eu gweld yn y pentref neu'r gymdogaeth?

C. CYMUNED

8. Pa adnoddau cymunedol sydd yn y pentref neu'r gymdogaeth?

e.e. Sgowtiaid

e.e. Tim pêl-droed neu hoci   Ar gyfer pwy?

Trefniadau ar gyfer grwpiau penodol, megis y rhai hŷn, y di-waith ac ati.

9. A fyddech yn dymuno gweld presenoldeb eglwysig yn y pentref neu'r gymdogaeth, ac os felly, beth fyddai eich disgwyliadau gan yr eglwys honno?

10. A oes trefniadau cymunedol ffurfiol yn y pentref neu'r gymdogaeth, e.e. ar gyfer yr henoed, teuluoedd un rhiant?

Ch. SYLWADAU CYFFREDINOL

11. Os oes gennych unrhyw sylwadau pellach i'w gwneud ar fywyd eich pentref neu eich cymdogaeth a'i dyfodol, byddwn yn falch iawn o'u derbyn.

ATODIAD 2

DADANSODDIAD ARIANNOL

Awgrymwn yma edrych ar fantolen ariannol yr eglwys gan ofyn pa flaenoriaethau a adlewyrchir gan y gwariant yn ôl maint y symiau sy'n cael eu gwario. Gellir newid yr holiadur, ond y dasg yw gofyn beth ddywed y fantolen am fywyd ysbrydol yr eglwys ac am y gwaith sy'n cael ei gyflawni drwy fywyd yr eglwys:

Y Weinidogaeth	Lleol	£ _____
	Y Sul	£ _____
	Arall	£ _____
	Cyfanswm	£ _____

Cenhadaeth a hyfforddiant lleol	Ymestyn allan a thystio	£ _____
	Hyfforddiant: plant, ieuenctid, oedolion*	£ _____
	Gofal am y greadigaeth	£ _____
	Cyfanswm	£ _____

*Gall gynnwys hyfforddiant yn y ffydd, hyfforddiant i gyfoethogi bywyd yr eglwys, hyfforddiant sgiliau byw a rhannu ffydd.

Adeiladau	Cynnal	£ _____
	Gwarchod	£ _____
	Cyfanswm	£ _____
Cyfraniad at y Genhadaeth a Gweinidogaeth		£ _____
Cyfanswm yr holl wariant		£ _____

Rhaid edrych yn awr ar y derbyniadau, wedi bwrw golwg ar y gwariant:

Casgliad rhydd	£ _____
Casgliad amlenni	£ _____
Ad-daliad treth incwm	£ _____
Llogau	£ _____
Ymdrechion penodol	£ _____
Cyfanswm	£ _____

Gofynnwch:

1. Beth yw'r gwahaniaeth rhwng gwariant ac incwm?

2. A yw'r blaenoriaethau a adlewyrchir gan symiau'r gwariant yn fynegiant teilwng o'n stiwardiaeth o holl newyddion da Duw yn Iesu Grist?

3. A oes modd defnyddio bywyd a chyllideb yr eglwys i hyrwyddo cynlluniau'r grŵp stiwardiaeth yn hytrach na gweld y rheini fel ychwanegiad?

4. Beth ddywed yr incwm a'r gwariant uchod am gyfraniadau unigol aelodau? A oes lle i wahodd cyfrannu uwch i weithredu cynlluniau newydd? A yw cyfrannu yn ôl y pen yn gyfiawn? Os nad ydyw, pa awgrymiadau eraill sydd gennych i'w cyflwyno i'r eglwys?

Yr awgrym yw y gellid ailgyfeirio holl fywyd yr eglwys tuag at ei chynllun stiwardiaeth a bod i hwnnw oblygiadau o ran ffurf a chynnwys yr addoliad, adeiladaeth yr eglwys yn y ffydd, ei hymwneud â'i chymdeithas ac â bugeiliaeth o fewn bro ac ardal, ac yn wir ei defnydd o'i holl adnoddau, e.e. gellid ffurfio grŵp addoli i drefnu addoliad yng ngoleuni'r cynllun stiwardiaeth. Mae addoliad ac adeiladaeth yn sylfaen i dystiolaeth a chenhadaeth.

Mae rhaglen o **stiwardiaeth** gyfrifol o fewn gallu pob eglwys leol. Mae gennym newyddion da i'w rhannu, creadigaeth i'w hamddiffyn, a ffydd i'w byw. Mae ein gweledigaeth yn un gadarn ac yn seiliedig ar ein dealltwriaeth o feddwl Crist. Ar ben hyn, mae gennym arian, amser a doniau i'n cynorthwyo yn y gwaith. Ymatebwn o'r newydd, felly, i'r her a'r fraint a roddwyd i ni gan Dduw. Yn un o'i ddatganiadau cyhoeddus cyn ei farw disymwth, dywedodd cyn-arweinydd y Blaid Lafur, John Smith: 'the opportunity to serve; that is all we ask'. I'r Cristion mae'r cyfle'n bodoli eisoes, felly awn allan i'r byd i wasanaethu ein Harglwydd gan amlygu stiwardiaeth gyfrifol yn bersonol, o fewn ein heglwysi, ym mywyd ein cymunedau a thrwy gydweithio'n fyd-eang.

LLYFRYDDIAETH DDETHOL

Ceir llu o ddefnyddiau a syniadau ynglŷn â stiwardiaeth ar wefannau'r gwahanol Eglwysi. Cysylltwyd â gwefannau Eglwys yr Alban (derbyniwyd yn ddiolchgar iawn ganddynt lu o daflenni defnyddiol), Eglwys Loegr, Yr Eglwys yng Nghymru, Yr Eglwys Ddiwygiedig Unedig a'r Eglwys Fethodistaidd.

Believing in the Future, David Bosch, Trinity Press, 1995
Biblical Perspectives on Evangelism, Walter Bruggemann, Abingdon Press, 1993
Cadences from Home, Walter Bruggemann, Westminster Knox Press, 1997
Changing Communities: Church from the Grassroots, Hinton and Price, CTBI, 2003
Christian Mission in Western Society, Barrow and Smith, CTBI, 2001
Cristnogaeth a Gwyddoniaeth, Noel Davies a T. Hefin Jones, Caerdydd, 2017
Duw a Phob Daioni, Harri Williams, Caernarfon, 1978
Ecotheology, David G. Hallam (ed.), WCC/Orbis, 1994
Engaging the Powers, Walter Wink, Fortress Press, 1992
Evangelism in a Spiritual Age, Church House Publishing, 2006
Evangelism through the Local Church, Michael Green, Hodder and Stoughton, 1993
Finding Faith Today, John Finney, Bible Society, 1992
Foundations for Mission, CTBI, 2010
Global Responsibility, Hans Küng, SCM, 1991
God is Green, Ian Bradley, Darton, Longman and Todd, London, 1990
The Healthy Churches' Handbook, Robert Warren, Church House Publishing, 2004
Iesu'r Iddew a Chymru, Pryderi Llwyd Jones, Y Lolfa, 2000
Llawlyfr Eglwys Iach, addasiad Cymraeg o *The Healthy Churches' Handbook* Robert Warren, Cyhoeddiadau'r Gair, 2012
Mission-shaped Church, Church House Publishing, 2004
Mission-shaped Spirituality, Church House Publishing, 2006
Naming the Power, Walter Wink, Fortress Press, 1984
On God's Side, Jim Wallis, Brazos Press, Michigan, 2013
Respect for the Earth, Reith Lectures, BBC, 2000
The Road to Growth: Towards a Thriving Church, Bob Jackson,

Church House Publishing, 2005
The Search for Faith and the Witness in the World, London, 1996
Seeds of a New Church, John O'Brien, The Columba Press, 1995
The Story of Penrhys, John I. Morgans, 1994
This Changes Everything, Naomi Klein, Penguin Books, 2015
Unmasking the Powers, Walter Wink, Fortress Press, 1986

Am wybodaeth bellach ac adnoddau addoli, gweler y gwefannau canlynol:

Jubilee Debt Campaign, a'u cylchgrawn *Drop It*;
Church Action against Poverty a'u cylchgrawn *Spark*:
Cymorth Cristnogol;
ynghyd ag erthyglau mewn papurau newydd cyfredol parthed cynhesu byd-eang, tlodi ymysg plant a thlodi cyffredinol.